www.ingramcontent.com/pod-product-compliance
Lightning Source LLC
Chambersburg PA
CBHW020527160726
47992CB00005BA/2278

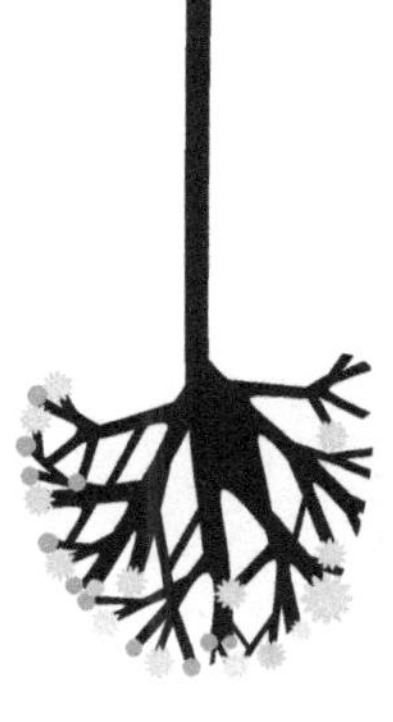

فانيليا وكاجو

خُبيب صيام

فانيليا وكاجو

رواية لليافعين

إصدارات دائرة الثقافة، حكومة الشارقة 2025م

الناشر: دائرة الثقافة ــ حكومة الشارقة ــ دولة الإمارات العربية المتحدة

هاتف: 5123333 +9716

بـرّاق: 5123303 +9716

بريد إلكتروني: sdc@sdc.gov.ae

© حقوق النشر والطبع محفوظة
الطبعة الأولى 2025.

غلاف وإخراج داخلي: زينب الملّا

813.03

ص خ. ف   صيام، خبيب

فانيليا و كاجو / خبيب صيام.- الشارقة، الإمارات العربية المتحدة: دائرة الثقافة، 2025.

134ص. ؛ -20.3x13.3سم.

رواية لليافعين.

1. القصص العربية

2. القصص العربية - مصر

أ. العنوان

ISBN: 978-9948-720-26-3

إهداء..

إلى نصفي الآخر الذي تاه طويلاً وها قد جاء أخيراً

من جديد، لنجتمع كما كنا أول مرة.

مقدمة

في مدينةٍ ساحليّة تُطِلُّ على النهر وليس ببعيد عن البحر، جرتْ وقائع هذه الرواية.

وأيُّ تشابه بين كائنات السردية وبين أي قطط رأيتموها فهو مجرد مصادفة، قططنا جميلة ورقيقة.. أرجوكم اهتموا بها.

الفصل الأول

لم أحسب قطُّ أنه من الإنصاف أو من العدل بمكانٍ أن أُختَطَف من حِضن أمي وأنا رضيع أبكي طلباً لحنانها ولبنها الذي غادرني إلى الأبد، ظللتُ ثلاث أيام أتناول الحليب المجَفَّف المخفَّف بالماء، في قفص باردٍ ليس كحِضن أمّي الدافئ الذي كنت أنعم في رحابه، أتناول حليبي الذي كان بلا طعم، وأنا مُنزَوٍ في القفص لا رغبة لي مطلقاً في أي شيء سوى العودة إلى حِضن أمي، أتساءل والخوف يسري ببدني: تُرى ماذا سيكون بعد الآن؟!

لماذا أُخِذتُ من حِضن أمي؟ ما الداعي أصلًا إلى أن نغادر ونهاجر ونُنزع نزعاً من مكاننا دون أي رغبة منا، سوى المكوث وسط الدفء واللطف في دوائرنا الصغيرة المحببة؟!

وُلِدْتُ هجيناً من أبٍ شيرازيٍّ افتُتِنَ بأمي القطّة البلدية، وكنت أنا ثمرة هذا الافتتان.

من يومي وأنا أرفض أي شيء عادي.. لا أتقبل سوى ما يمليه عليَّ مزاجي، مُتميزٌ مُتفردٌ وسط أقراني القطط.

ورثتُ من والدي شعرَه الكَثَّ، وذيلَه السميكَ المَكسُوَّ بالشعر عن آخره، وشواربه الطويلة أيضاً، وكان نصيبي من أمي الجسم الممشوق، والأنف الدقيق، والوجه الحسن.

مربِّيتي الجديدة التي أخذتني بالقفص الخاص بي من محل الحيوانات الأليفة، افتتنت بي منذ الوهلة الأولى، وراحت تدعوني «لولو» في حبور وسعادة جمَّةٍ لم أعهدها قبلاً في بَشَريٍّ صادفتُه خلال مكوثي في بيتي السابق، لا أعرف لِمَ لمْ تسألني عن اسمي؟! وإلا كنتُ ذكرته: «كاجو» هو الاسم الذي أطلقه عليَّ أبي وأمي فورَ ولادتي، الآن هي تنظر إليَّ على أنني فم يجب أن يُطعَم في كل وقت، هي تُدللني وتطعمني كما لا يفعل أيُّ مُربٍّ بقطِّه، سوى أصحاب القلوب العطوفة منهم.

طَبَقي بجوار خزانة الأحذية لا ينفَدُ أبداً من طعام الهِرَرة المُعلَّب، ولا من سمك السردين أيام الخميس، ولا طبعاً من الحليب الذي لا أستغني عنه أبداً رغم أني قد كبرت.

هنا يتوفر لي الأكل بِمُوائي وقتَما أطلب ذلك، والأهَمُّ من ذلك الأمان، فلا قطَّ يشاركني طعامي ولا شرابي ولا اهتمامَ أسرتي المُحبَّة

ربما هذا قد أسهم في سُمنتي وزيادة وزني، فأنا لم أعد آبه بغير الأكل والتمدُّد، صرتُ أغرق في الهناءة والترف، أعتقد أنه إذا رآني قط شوارع مُشرد.. فسيُهيل عليَّ سُخريته اللاذعة، لتدليلي الزائد وكسلي الدائم، فأنا في غير أوقات اللعب قِطٌّ مُرفَّه.

ابنة مُربِّيتي الفتاةُ التي وصلَتْ أخيراً إلى سن المراهقة، ترى في الأميَر الذي تحوَّل بفعل سحر أسود إلى قطٍّ مسحور، ويلزم لإعادتي إلى هيئتي البشرية أن تحبني أميرة جميلة مراهقة، وتقع في غرامي، ومن ثَمَّ تُقبِّلني حتى تُعيدني إلى صورتي البشرية من جديد، لذلك فهي تكثر من تقبيلي، حتى دعوت الله أن يُسَّرع بتحويلي إلى أمير بشري حتى أتخلص من مقرر التقبيل اليومي المؤذي لفطرتي القططية.

لعبي معهم بكُرة الصوف التي كانت تصنع منها مربيتي كنزات لبيعها في السوق من أجل كسب الرزق.

كانوا يُدَلُّون لي منها طرفاً، فأقفز محاولاً الإمساك به سواء بيدي

أو بفمي، يقذفونها لي بعيداً فأُهرَع إليها، أتكئ على جانبي أثبتها بقدمي وأحركها بيدي بحركات دائرية في مشهد أكروباتي بامتياز.

ومن ثَمَّ أعيدها إليهم بفمي، لتنهال التصفيقات والضحكات عليَّ، كان هذا كفيلاً بمنحي الراحة والسعادة.

نسيتُ أمسي وصرت أركز على يومي وغدي، صرتُ أنظر إلى الأمام بالأحرى، كانت اهتماماتي في مرحلة سابقة فيما قبل تتمثل في قضاء وقتي بين الأكل والشرب، وقضاء الحاجة في المكان الذي خصصوه لي ودربوني عليه مرات ومرات منذ قدومي حتى اعتَدْتُه.

موائي دائماً كان من أجل أحد تلك الأشياء، أما الآن فالمواء هو المواء نفسه، لكنَّ الرغبة قد اختلفتْ بداخلي، كنتُ أنادي صاحبة النصيب (نصفي).. علَّها تسمعني وتأتي، لم أعدْ أدري ماذا يحدث لي، كنت سعيداً.. سعيداً جدّاً حتى حين.

كان الطعام كافياً لإسعادي وحين أشعر بالملل كنت أركض في المنزل عشوائيًّا، حتى إنني كنت أتخذ الأثاث وجميع الأشياء غير المثبتة ألعاباً ألهو بها.

لا أدري متى -تحديداً- أصبحتُ تعِساً فجأة، بلا سبب، يَنقُصُني شيء ما لا أعلم ماهيته ولا أين هو، وعقلي لم يتوقفْ عن التفكير، حتى إنني أشعر أن قلبي تتسارع دقاته وسيقف عن النبض.

أثيرت كل تلك التساؤلات في رأسي، لا أدري من أين أتت!

لم أعد كما كنتُ، ولم يعد العالم كذلك.

أشعر بأني لا أنتمي إلى هنا، فأنا لا أشبه أي شخص يقطن هذا المنزل، أتكلم كثيراً، ولا أحد يفهمني، أشعر بأنني أتحدث لغة أخرى

فقدتُ شهيَّتي ولم أعد أفارق كرسِّي، شعرتُ أني بدأتُ أخسر حياتي، لا أحد يشعر بي، تصرفاتي تغيرتْ؛ أصبحتُ عدوانيّاً جدّاً، أبي يصيح في وجهي لأنني تبولت على الأرض، أنا آسف، لا أعرف كيف أقولها وكيف يفهمها مني، ولا أعرف أصلاً لَم فعلتُ هذا؟!

كنت أريد وضع حد لإرادتي المسلوبة داخل جدران هذا المنزل، كما أن بالي شُغِلَ بحاجتي إلى وجود رفقة، الوَحْدَة داخل جدران البيت كانت سجناً داخل سجن، أردتُ نفض غبار كل ذلك الضيق من داخلي، هل أقفز من الشرفة لأنال حريتي؟!

هل أنطلق إلى الشارع؟

ربما لم يكن يحُدُّني عن محاولة الانطلاق إلى حياة الشارع سوى الشُّرفة، وارتفاعها الهائل بالنسبة إليَّ عن الأرض، رغم أنها كانت بالطابق الأول من البناية، كم تمنيتُ أن أقفز من سورها وأنطلق إلى حال سبيلي بدلاً من حياة المنزل تلك التي سئمتُ منها، لكنْ دائماً كنتُ أخشى عواقب ذلك، فربما في الشارع أتعرض لخطر مواجهة الكلاب الشرسة، أو التعرض للاصطدام بسيارة في أثناء عبور الشارع

لكنهم في المنزل كانوا يفسرون موائي هذا على أنني جائع، فيضعون لي على الفور من طعام الهررة المُعلب، موائي الحالي وسط جنبات المنزل لم يكن كما فهموه.

صار ما يهمني فقط هو أن أجد نصفي الآخر الذي يُكمِلني، وأنا أعلم أنه موجود، لكني لم أحظَ قطُّ بفرصة الخروج من المنزل والبحث عنه، وهي أيضا لم تأتِ.

ظللتُ أموء لأخبرهم أنني أتوق إلى البحث عنها وإيجادها، لم يبدُ عليهم التأثر؛ ظلُّوا يقدمون لي الطعام ظنّاً منهم أن حاجتي الوحيدة متمثلة فيه.

هززتُ ذيلي مراراً وتَكْراراً دون جدوى، كدتُ أفقد الأمل في أن يفهموا طلبي.

وأخيراً أدركوا ما أشعر به، وأدركوا حاجتي.

امتنعتُ عن التوُّدد لكل مَن أتوا لي به من قططة، لأني ببساطة يا فانيليا لم أشعر معهنَّ بالسعادة التي تملأ كِياني.

كم عرضوا عليَّ من السيامي ذات العود النحيف، والشيرازي ذات الشعر الكثيف والذيل المنفوش، والزورار ذات الأنف المنبعج، والهيمالايا ذات البياض الثلجي المميز تماماً مثلكِ.

كان ردي بالرفض القاطع على ذلك الزواج، لأني لم أجد في أي منهنَّ الروح المناسبة لي.

كنت أضرب الزائرة حتى تتشبث بمربيتي صائحة بمواء منكسر: أنْجِديني من قبضته.

أشعر أني أمُرُّ بأزمة منتصف العمر القططي، فهأنا تجاوزتُ العام والنصف ولم أقابلْ بعد نصفي الآخر.

كان شعوري متمثلًا في أن الحياة تكون في منتهى السُّخْف إذا عشتها وحيداً، وإذا عشتها مع أي أحد لمجرد ألا تكون وحيداً.. فإنها ستصبح أكثر سخفاً.

هذه هي قصتي باختصار، فأنا لم أرِدْ يوماً أن يكون نصفي مجرد نصف والسلام، بل ظللتُ أبحث عمَّن تلائمني وتكمل نقصي وتقدرني وتحبني كما أنا.

تخالجني عدة مشاعر مضطربة، أخيراً آثرتُ الصمت، حتى أتى اليوم الذي تبدَّل فيه هذا كله، أطلت عليَّ ذات مساء فانيليا، فحرتُ أهو صباح أم مساء؟!

كنتُ كعادتي أَعْتَلي سُورَ الشرفة، أنظر إلى السماء بلا هدف كل صباح بلا هدف واضح، يومَها كان للتّيه معي فِراق بيني وبينه، الْتَقَط أنفي رائحةً ما لا أعلم تحديداً ما هي، لكنها أثارت كل حواسِّي، وشعرتُ بقلبي يقفز من مكانه طرباً.

لم أتصورْ بأي شكل أن يكون ما واصلتُ بحثي عنه مُطَوَّلًا قريباً مني بهذا الشكل كما كان في تلك الليلة.

دائماً ما يكون موائي بمثل هذا الوقت بآخِر الليل إما لطلب الأكل من مُربيتي وإما للبكاء على حالي لأني لم أتحصلْ بعد على مُرادي الأنثوي الذي يُكملني، لكنْ في هذه الليلة كان لموائي غرض مختلف.

شعرتُ باقتراب رائحتها من مكاني، بدأتُ أنشر رائحتي في كل موضع ببيتنا حتى تصل إلى أوسع نطاق علَّها تشُمُّها وتنجذب نحوي.

تركت مخلفاتي بجوار الشرفة على عكس عادتي بتركها في المكان المخصص لي، حتى تنتشر رائحتي إلى ما هو أبعد من منزلنا، علَّها تشمُّ رائحتي وتشعر باقترابي، وتناديني بموائها.

طبعاً كان هذا خطأً لم أرتكبْه منذ سنين، ما كلَّفني المبيت على عتبات السلم -عقاباً لي- وليس على السرير كما تعودتُ كل ليلة، العقاب الحقيقي تمثَّل في أخذ الحمام الدافئ، وكم كنت أرتعب من التحمُّم؛ كنت أكره لمسَ الماءِ جسدي، فأَذُودُ المياه عن نفسي بمخالبي، أنهيت حمّامي على أي حال وجففوني بالمنشفة وأخرجوني على السلم عقاباً لي، كم كان الجو قارساً للغاية، لم آبهْ لذلك، ولم أتوقفْ عن موائي علَّها تسمعني وترد عليَّ.

كعادتي كل صباح، حالما أسمع صوت فتح أبواب الشرفة أُهرَع إليها أجلس فيها لأتشمس وأستنشق هواءها العليل، أمارس فيها كل ما يمارسه قط الشارع، وما لا يتوفر لي داخل جدران المنزل، مكثتُ في الشرفة بضع دقائق حتى أطلَّت عليَّ...

رأيتُها..

كانت أبدع ما رأيتُ.. أشعر كمن كان ناقصاً فاكتمل، ابتسمتْ لي وأشارت نحوي بالسلام فذهب عقلي بغير رجعة، انصرف معها.

كانت هيمالايا ثلجية اللون ممشوقة القوام، طبعاً قد تجاوزتْ شهرها الثامن طورَ البلوغ.

لكنْ ما شغل ذهني وقتها هل هي تودُّ أيَّ قط؟! ولا يهمها أصله أو فصله؟!

أم هي مثلي تبحث عن شخص معيّن بمواصفات محددة يملأ روحها قبل أن يتزوجها.

لا أرى شيئاً غيرها ولا هدفاً وحلماً سواها.

هي ترمقني بنظراتها من شرفتها أيضاً مثلما أفعل معها، هل

تشعر كما أشعر هل ينقصها ما ينقصني؟

تجرأتُ بالتحدث معها حتى تبينتُ أنها نوع مختلف تماماً عن كل مَن قابلتهنَّ من قبل، تواصل حديثنا بصباح كل يوم بين الشرفتين.

لماذا تنظر هكذا؟ هل هي أول مرة ترى قطة يا هر؟

بل هي أول مرة أرى قطة هكذا!

حقّاً؟ وهل هي أول مرة تقول هذا الكلام أم تكرره على كل من تقابلهنَّ؟

لا لا، صدقيني، لا أتحدث مع أي قطة، لم أعرفِ اسمك!

- أنا فانيليا.

الآن تيقنتُ سبب موائي ولوعة اشتياقي، كنتُ أبكي وأنوح وأغني مواويلَ على ليلاي كل ليلة.

ضَحِكَتْ فأَسَرتْ لُبِّي وقلبي، تيقنتُ أنها هي من أطلتُ بحثي عنه.

- وأنتَ ما اسمك يا هر؟

- «كاجو» هو الاسم الذي انتقاه لي والداي بعد مولدي، لكنْ ما لبث أصحاب المنزل الذي كنتُ أعيش فيه معهما إلى تفريقي أنا وإخوتي عنهما.

ظللتُ أتنقل من بيت إلى بيت حتى أتيتُ إلى هذا المنزل الذي ينادونني فيه «لولو».

- يا له من اسم!!

- معكِ حق، ربما هذا من مساوئ أن تولد قطّاً منزليّاً، ستُنعت بعدة أسماء ليس من ضمنها أبداً الاسم الذي ولدتَ به.

- صدقتَ، فأنا وصلتُ بالأمس إلى هذا المنزل؛ اشتراني والد الفتاة وأهداني إليها في عيد ميلادها، أسمتني «بوسي»، لا أحد من البشر يسألك أن تعرف نفسك له؛ هو حالما يراك يطلق اسماً عليك، لم تتركني إلا حين ذهبتْ صباحاً إلى المدرسة، أظنها أحبتني، لكنْ بالكاد أمها تطيقني. فلربما لديها خوف من القطط.. في كل حال أنا لا أراني مُخيفة!

- أظنكِ على صواب، بحسب خبرتي بأهل هذا المنزل فهم لا يهوون تربية القطط.

-حدثني عنكَ أكثر؛ أريد أن أعرف قصتكَ يا كاجو.

- أخشى أن أكون أطلتُ في الحديث عن نفسي، ونسيتُ أن أسألكِ عنكِ.

- لا عليكِ.. أحببتُ سماعك، فقصتكَ تحكي مأساةَ قطِّ المنزل مسلوب الإرادة الذي لا يقدر على تسيير حياته كما يشاء، أوَتعلم أني لو أردتُ أن أحكي لكَ قصتي لما زدتُ قطُّ على ما قصصتَه أنت في قصتك سوى أني انتقلتُ إلى محل لبيع الحيوانات بعد أن رافقتُ طفلاً صغيراً مدةً طويلة، ومرض هذا الطفل ونصح الطبيب أهله بأن يبعدوني عن المنزل لأن ابنهم أصيب بحساسية في صدره بسببي!! بعد أن فقدتُه ومكثتُ في بيت لبيع الحيوانات، بدأتُ أشعر باحتياجي إلى نصفي الآخر ليخطبَ ودي ويكمل كِياني، لم أرضَ بالزواج الذي هيئ لي كل ليلة هناك.

- حقّاً يا للغرابة ما أشبه قصتينا، ربما خبَّأ القدر لنا ميعادَ لقيانا إلى أن ساقنا إلى هذه اللحظة حتى نشعر بلوعة اشتياقنا إلى بعضنا.

أوَتعلمين؟ تلك اللحظة التي نعيشها الآن أستطيع القول إننا في حالة تجمع الشتات، فنحن في الأصل شيء واحد في الطبيعة، انقسم يوماً إلى نصفين وافترق كل منّا في سبيل حياته، والآن كل نصف منهما سيندمج من جديد على عتبات سلم منزلنا مؤذِناً بميلاد عهد حب جديد.

وفجأة.. انزلقت قدم فانيليا عن سور الشرفة، ووقعت في الشارع

لم أقوَ على المشاهدة، ظللتُ مصدوماً وهلةً، هُرعَ إليها مربيها وأخذها على الفور وجرى بها، لم أدرِ أين ذهب بها.

غابتْ نصفَ النهار وعادت... حدَّثتني عن العيادة البيطرية الرائعة التي كانت تُعالَج بها، وأنها ستعاودها لفك جبيرة الجبس بقدمها، المسكينة كُسَرتْ قدمها، لكنْ عدا ذلك كانت بخير، فكما يقال «القطط بسبعة أرواح».

ظللتُ قلقا عليها لغيابها نحو الأسبوع، غابتْ رائحتها عن المكان كليّاً، افتقدتُ حديثنا وافتقدتُها إنها أول مرة أفتقد أحداً وأشتاق إلى وجوده.

وجدتُ الطفلة «ريم» مُربِّية فانيليا تقف في الشرفة تبكي محتضنة دميتها، خمنتُ أن والد ريم قد استَغنى عنها بسبب تكلفة علاجها عند الطبيب البيطري.

لم أعد أريد أن أكون ذلك القط المنزلي المدلل مسلوبَ الإرادة مستحقَّ الشفقة، أريد أن أعيش حياتي كما ينبغي لها أن تكون.

ترددتُ كثيراً من قبل في القفز من الشرفة حتى أنال حريتي، ربما سأواجه أسوأ مخاوفي إن فعلتُ، لكني لن أخشى شيئاً بعد الآن، يجب أن أجد فانيليا، لن أسمح لأي كان أن يفرقنا، سأنطلق في رحلة بحثي عنها، لن أستسلم.

سأطيل البحث عنها مهما واجهتُ من صِعاب، أعلم يقيناً أني سأجدها، لن يهدأ لي بال قبل أن أفعل.

الفصل الثاني

أنظر ورائي لا أرى أمي ولا أحدَ في أثري، أقف على حافة الشرفة التي أصبحتْ حافة حياتي، ليس أمامي الكثير من الوقت.

ورائي أماني وغذائي وحزني وتساؤلاتي واختلافي، وأمامي الحلم والكمال والمجهول والخطر وإجابة تساؤلاتي، ثم إنني أخاف أن يتحطم فؤادي.

في غمرة اجتماع جميع المخاوف في رأسي كان لديَّ عشرات الأسباب أن لا أقفز، اختفتْ جميعها فجأة لأجد نفسي في الشارع أتساءل لِمَ بحق الله قفزتُ؟!

يا لي من قط أحمق!

وصلتُ إلى الأرض أنظر إلى شرفتي وإلى شرفة فانيليا نظرة مودعٍ وسارت عيناي إثر خطاها متسائلاً، وفي غمرة الخوف وجدتُ نفسي أنطلق، رحت أجري وراءها.. إلى المجهول.

معدتي الآن خاوية؛ شعور لم أعتده من قبل، لم أكن أشعر بالجوع قطُّ؛ كانت مربيتي لا تألو جهداً في إطعامي في كل أوقات اليوم، الآن أنا في الشارع عاهدتُ نفسي أن أبحث عن فانيليا حتى أجدها

قطة مثلها من الصعب أن أجد مثلها، وإن ضاعت مني فما أصعب تعويضها، قاومت خوفي من الشارع وفعلاً قفزتُ، أظن أن يدي التوتْ أسفل مني، لكني قاومت، أخذتُ أجول شوارعَ دمياط أتفحَّص وجوه القطط، لا أريد أن تفوتني قطة واحدة أموء مع كل انعطافة علَّها تسمعني، أين ذهبتِ يا فانيليا؟

هل يطول بحثي عنكِ وإن طال هل أجدكِ أخيراً؟!

أوشك الجوع أن يلتهم معدتي الخاوية، حسناً، عليَّ أن أصيد شيئاً ما، لم أجربِ الصيد من قبل سوى تلك المرة التي أطلقتني مربيتي في المطبخ لأصيد لها ذلك الفأر الذي أرهقها ولم يقنع بالوقوع في شرك المصيدة، صِدته لها وأنا مشفق عليه، لم أعهد نفسي صياداً، الدلال كان سِمتي طوال مكوثي بالمنزل.

انعطفتُ نحو حارة بدتْ للوهلة الأولى واسعةً جذبتني نحوها الرائحة، كانت كرائحة سمك السردين في يوم الخميس الذي داومتْ مربيتي على تقديمه لي.

لكنْ مع التفحص...

كانت كميات هائلة من السمك، أكلُّ هذا سمك الخميس؟!

ما هذا كله؟!

تحاوطني أقدام توشك أن تدوسني، الأمر خطِر هنا؛ لم أعد بالمنزل بعد، عليَّ الحذر، أضع عيني وسط رأسي وإلا ستدوسني أول قدم تقربني، مَن كل هؤلاء؟!

كيف لي أن أدخل الحمام لأقضي حاجتي وسط كل هذا الحشد؟!

الأمر مُربك للغاية بالنسبة إليَّ، ثم أين البلورات التي كانت مربيتي تضعها لي في مكان قضاء حاجتي لأهيلها بعدها على ما قضيته!

فطرتي الداخلية حدَّثتني بأن أحفر في أرضية السوق وأقضي حاجتي ومن ثم أهيل التراب عليها، شعرتُ كأنها المرة الأولى بالنسبة إليَّ التي أقضي فيها حاجتي، لم أعهدْ فعل مثل هذا من قبل!

سرتُ بحذر حتى أول دكة لبيع السمك، رحتُ أتشمَّمُ ما هو مُلقًى على الأرض أسفل قدم البائع، هذا أظنه سرديناً كسردين

الخميس بالمنزل، لكنْ حين اقتربتُ أكثر منه شعرت بنفوقه، كدتُ أقئ ما في بطني، وما كان بها شيء!

سرتُ في السوق الكبير أتفحص وجوه المشترين والباعة، معدتي كأنها قط جائع يموء، لن أستطيع التحمل أكثر من هذا!

سأقفز على إحدى الدكك لأسرق سمكة وأهرب بها أتناولها بعيداً، لكن أأسرق؟!

وفجأة..

قفز عليَّ قطٌّ ثقيل الوزن كأنه فيل، صرنا ككرة الصوف نتدحرج على أرضية السوق، اصطدمنا بإحدى الدكك فصاح بنا البائع وهو يقذفنا بجردل مياه، رحتُ أجري والقط السمين يجري ورائي، هالني أنه رغم سمنته وثقله فإنه كان لا يألو جهداً في العدو، كان سريعاً فأرهقني طبعاً، فعادته الجري كل يوم، أما أنا فدلالي أفسدني، توقفتُ بأحد الأزقة ورحتُ ألهث لألتقط أنفاسي، حالما رفعت رأسي ناحيته رمقني شزراً بعينه اليمنى السليمة، فعينه الأخرى كانت عوراء، صاح:

- ماذا تفعل هنا؟

- أبحث عن طعام.. أنا جائع.

- ألا تعرف أن تلك منطقتي لا يتجول بها هِرٌّ إلا بعلمي وإذن مني!

- صدقني لا أعرف، أنا تائه وهذا أول يوم لي في الشارع.

- مستجد إذًا، ما اسمك يا هذا؟

- كاجو.. اسمي كاجو.

- وأنا أعور.

- نعم عرفتُ هذا من النظرة الأولى.

- ماذا؟!

- أمزح أمزح فقط يا سيد أعور.

- وما قصتك يا كاجو أفندي؟ كيف وصل قط مُرفَّه مثلك إلى هنا؟

- غادرت البيت لغاية أقضيها.

- هل أنت مجنون؟

- لِمَ؟

- هل هناك قط عاقل يغادر بيتاً يأكل وينعم فيه دون سبب؟ لا تخشَ أن تقول إن مربيك قد ألقوا بك خارجاً، الشارع مليء بمثل تلك القصص.

- في الحقيقة يا سيد أعور، أنا من نزلت إلى الشارع بإرادتي.

- لا شك أن بعقلك خطباً ما، من منَّا يفرّط بمنزل مربيه ويتركه ليأنس بالشارع؟

- بل نزلت الشارع لأجد حبي الضائع.

- أوه.. رومانسي أنت إذن يا كاجو، ما كان عليك قطُّ فعل ذلك، ليست لديك أدنى فكرة عما ستلاقيه هنا في الشارع، ينبغي أن تكون متأهباً على الدوام، إن كنت تريد أن تعيش لتكمل ما بدأته من بحث عن قطتك فعليك أن تتبعني لتكن في حمايتي ولتتعلم كيفية قضاء يومك في الشارع؛ الأمر مغاير تماماً لما كنتَ عليه في منزل مربيك.

-أدرك ذلك تماماً، فعلًا عرفتُ ذلك منذ يومي الأول.

- يكفي كلاماً.. أنت الآن بلا شك لم تتناولْ فطورك، تعالَ معي.

كان من الأثرة أن أحضر لي كومةً من السردين ربما كان هذا
غداءه -لا أدري- كان ألذ سردين تذوقته في حياتي -ربما بسبب
جوعي- التهمتُه من فوري حتى انتفختْ معدتي، كدتُ لا أستطيع
الحركة.

- هل شبعت؟

- شبعتُ! لا أظنُّ أنني التهمتُ مثل تلك الكمية من قبل! حقًّا
لا أدري كيف أشكرَك يا سيد أعور.

لم أكن في وعيي وأنا أتناول كل تلك الكمية الهائلة.

- ناداني أعور دعكَ من التكليف، نحن هنا في الشارع متساويان،
لا فرقَ بيننا، الآن ستخلد للنوم، أم تريد إكمال مسيرتك في ما تبحث
عنه؟

- أفضِّل أن أكمل مسيرتي.

- حسناً.. الأفضل أن تستريح أولاً قبل أن تأتي بأي حركة، الأكل ملأ معدتك ويجب أن تعطيها فرصة أن تهضم. تعالَ معي لآخذك في جولة في الأحياء المجاورة للسوق؛ سأريك ما لم تَرَه من قبل.

- هيا بنا.

رحت أجول الأحياءَ بصحبة الأعور، كان واضحاً للعيان سطوته على باقي القطط حالما يراه القط يبتعد عن طريقه بعد تقديم التحية له، كنت أضحك على هذا، حتى إن بعض البشر كانوا يخشونه، ليس لدرجة الخشية، لكنْ كان قطّاً ذا هيبة بين القطط والبشر أيضاً.

مررنا ببائع لبن، ماءَ الأْعَوَرُ فقدَّم لنا البائع صحناً من اللبن، مدَّ الأعور لسانه القرمزي الخشن إلى شاربيه ليلتقط النثرات، وكان هذا إيذاناً لي بالتعامل.. مثله.

- البشر يظنون أننا فقط نموء على الدوام، هذا هراء واعتقاد سخيف من قِبلهم. نحن نموء لهم فقط لأنهم لا يفهمون حديثنا، نموء لهم ليقدموا لنا الأكل. لغتنا هنا في الشارع لغة القطط نتحادث ونتعامل بها، المواء فقط مع البشر لأنهم لا يستطيعون فهمنا، نفهمهم ولا يجدون سبيلاً إلى فهمنا، فتُرى من الأذكى؟

- لا أدري...! في المنزل كنت دائماً أموء فلا توجد قطط معي، فقط فانيليا هي من كنتُ أحاورها من الشرفة بلغتنا.

- أوه أيها الرومانسي، أنت لا تكف الحديث عنها.

- أتمنى أن أجدها، لا أدري هل أجدها أم لا، عالم الشارع أكبر مما توقعت بكثير.

- أنت كمن يبحث عن إبرة في كومة قَشّ كبيرة، لكنْ لا تفقد أملك؛ إن كان هذا ما تريده فستدركه.

- أتمنى. حدثني عن نفسك قليلاً، هل أنت أصلاً قط شارع يا أعور أم إنك كنت منزلياً يوماً ما؟

- سأقص عليك قصتي من البداية، نزلتُ من رحم أمي سقيطة قبل أن أتم نموي حين كانت أمي تمرُّ بشارع متثاقلة لحملها بي وبإخوتي فصدمتها سيارة مسرعة، سائقها كان أرعنَ وهي تحملني بأحشائها، نزلت هكذا بجسد غير مكتمل وروح عافرت كي أحيا حياة الشارع وأصل إلى تلك المكانة بين أقراني. ذاكرتي سجلتْ ذلك كله كأني كنت أرى وأنا ببطن أمي ما يحدث خارجه، كنت صاحب رؤية ثاقبة حتى صرت أعورَ كما ترى. كنت على رصيف أحدهم

بصحبة أمي المتوفاة وإخوتي الذين لحقوا بها، ظل يرعاني في كنفه ويقدم لي اللبن حتى بدأتْ أعضائي في التشكل ومُئِتُ موائي الأول وأنا بصحبته. في إحدى الليالي الممطرة مات وهو يحتضنني في كنفه، أتى أولاده ليكتشفوا موته بعد ثلاث ليالٍ، قضيتُها وأنا أحتضنه وألعقه، كنتُ أبكي، حتى أتوا فرحتُ حين رأيتهم، ناقشوا وقتها أمر تقسيم المنزل والأثاث في ما بينهم وغيرها من تفاهات البشر المادية، وكان أول ما فعلوه أن ألقوا بي خارجاً وسط المطر والبرد القارس، هاجمني يومها قط مخبول أصاب بمخلبه عيني اليسرى، فدَمِيَت وصرت أعورَ من يومي الأول بالعراء، لكنْ ماذا بإمكاني أن أقول؟ الله لا ينسى أبداً قط الشوارع المسكين، لكنْ فلتعلم جيداً أنه لتكون بمأمن في الشارع عليك أن تفتح عينك وتُعمِل عقلك طوال الوقت، لا تسهُ أبداً، الحياة قاسية يا صديقي، وهأنا ذا أمامك الآن كما تراني.. قط شارع مخضرم.

- قصتك تحمل الكثير والكثير في طياتها يا أعور، أحسبكَ ذا بأس شديد قادراً على مواجهة الصعاب، لكني واثق تماماً أن قلبك نقي صافٍ أبيض كالحليب.

-حليب!! يبدو أنك لم تشبع بعد.

-لا، لقد شبعت حقّاً.

-أمزح معك فقط يا صديقي، أتمنى أن تجد رفيقتك وتعيش هنيئاً قريرَ العين معها. والآن لننمْ ليلتنا هنا.

من شدة الإرهاق لم أدرِ بحالي، رحتُ في نوم عميق، رأيتني ليلتها أحمل سيفاً بيدي كأني أمير أسير مختالاً بنفسي، أقطِّع الأشجار الحائلة بيني وبين طريقي أغني طَرِباً ليملأ صوتي الغابة.

رأيتُ طبق حليب على الأرض توقفتُ لأشرب وأكملت مسيري، وصلت إلى مكان يشبه بيت جيراني أصحاب فانيليا، نظرت إلى الأعلى فرأيتها كانت تترقب وصولي من شرفتها، لكنَّ البيت كان عالياً كالبرج ومحاطاً بأشجار الغابة، حال اقترابي منها شممتُ رائحتها الشذيَّة عن بُعد، وحين حللتُ أسفل شرفتها تراقص ذيلي وتبختر طرباً، ناديتُها:

-خذي حذرك كي لا تقعي مجدداً من الشرفة.

- تعالَ يا كاجو، كنت أنتظرك يا أميري.

-أسدلي ذيلكِ يا فانيليا حتى أصعد وأخلصكِ من الحبس اللعين

في حينه.. أنزلت ذيلها ناحيتي فتهادى حتى وصل إليَّ

أمسكتُ طرفه وأخذتُ أوالي الصعود.

رحت أقص عليها سيرة صولاتي وجولاتي في سبيل الوصول إليها.

شكتْ لي سوء معاملة الساحرة السيامي.

- لا تخشي شيئاً، لقد أتيتُ لأنقذكِ.

- لكنكَ لا تعرف شرَّ الهرة وسحرها! ستعيدني إلى الأسر وربما تؤذيك بسحرها.

-لن أسمح لها، سأصرعها بسيفي هذا.

-أخشى أن تحيلنا إلى آدميينْ عقاباً لنا على تجرُّئي على الهرب معك.

-لن يحدث.. فلنهزم خوفنا قبل أن نقرر مواجهتها، إن كنا نظن أنها ستهزمنا قبل أن نتواجه فنحن هكذا نخسر المعركة بأيدينا!

وفجأة ظهرتِ الهرة العجوز في وشاحها الأسود كانت عوراء! أطلتْ علينا فنظرت إليَّ نظرة تسمرتُ فيها كأني قد تجمدتُ كالثلج

- حذرتكِ من الحديث مع الغرباء.. لماذا تريدين أذية نفسك وغيركِ

لن أسمح لكِ بالفرار من هنا، فأنا أحبكِ وأحب أُنسكِ.

أفقتُ وأخذتُ أصارع القطة السيامي بسيفي، فجرحتُ يدها، وكأن نقطة ضعفها في خروج الدم من جسدها، أخذتْ تتلوى على الأرض لاحظتُ قواها تخور أكثر فأكثر حتى تحولت إلى رماد مكوَّم أسفل العباءة السوداء، بحركة سريعة نزلنا على سلم البرج حتى وصلنا إلى أرض الغابة وأخذنا نجري ونجري كأننا رغم علمنا بنهايتها كنا نريد إنهاء تلك الذكرى الأليمة بأسرع وقت.

هالني ما رأيته كأننا صرنا آدميينْ، رأيتُ بيتاً كبيتي وفي الشرفة كانت منة ابنة مربيتي تقف تشير لي كأنها فرحةٌ أني تحولت إلى أمير آدمي، هل قُبلة فانيليا لي فعلت كل هذا؟ يبدو أنه كان سحراً فعلته السيامي الساحرة، تماماً كما كانت تعتقد منة، قبَّلتني مجدداً فعدتُ قطّاً على الفور، أكملنا جرينا حتى غادرنا الغابة.

استيقظت على فوري وأنا ألهث، ما هذا الحلم الغريب؟!

الصباح مختلف في شوارع مدينتنا عنه في المنزل، الرفاهية في

المنزل لا يستشعر قيمتها القط منّا إلا إذا نزل للشارع ورأى كل هذا الكم من الصخب والهرولة والقسوة واصطدام الهررة بالسيارات، حينها سيحمد الله على نعمة المنزل وسيقبل يد مربيه، العالم قاسٍ لا يرحم قط الشارع.

استيقظنا أنا وأعور نبحث عن فطورنا، بالأحرى كنت أنا أحسب حساب الفطور، أما هو فلا، كان يعرف ما عليه فعله تماماً.

صحبني إلى السوق حيث الباعة مع بدايات الصباح يفرشون بضاعتهم ينتقون السمك الجيد ليفرشوه على الدِّكَك ويلقون بما لا يناسب الزبائن أسفل منهم، ألقى أحدهم بعض الشبار الأخضر اللذيذ فالتهمناه في نهم.

مذاق الطعام مختلف تماماً عن الأكل في المنزل ولا أدرى لماذا؟!

المارة بالسوق غادُونَ آتونَ، الإيقاع سريعٌ، كُلٌّ يهرول إلى عمله، إن لم تحذر فسيدوسك أحدهم غير آسف عليك.

- أعور، لا أريد أن أضيع وقتي أكثر من هذا، أريد البحث عن فانيليا، كنتَ كريماً معي والآن يجب أن أنطلق.

- يا أحمق، لا تقل مثل هذه السخافات، سأدلك على قط حكيم هو شيخ قطط دمياط، يدري جيداً بحال جُلِّ قطط الشارع، وبالتأكيد لا بدَّ أن فانيليا إذ كانت في الشارع سيصل خبرها إليه، اذهب إليه واسأله عنها فربما يفيدك، ولا تتردد في المجيء إلى هنا فلك أخ بالسوق، تعالَ في أي وقت سأعتني بك يا مُرفَّه، وإن صادفتك مشكلة مع أحد الهررة في الشارع فقط انطق اسمي وقل إنك من رجالي، فلي هيبة وسط قطط الشارع كما رأيت بعينك.

-لا أدري ماذا أقول لك، محظوظٌ بمقابلتك ولن أنسى صنيعك معي.

-لا تتفوه بالحماقات يا أحمق، نسيتُ إخبارك بالعيادة البيطرية الشهيرة، فربما تكون فانيليا هناك تتلقى رعاية صحية، هي في الطريق بعد مرورك بالقط الحكيم، في آخر كورنيش النيل ستجدها، سيدلك الحكيم عليها، فقط اتبع مسار النيل حتى تصل إليه وهو سيعُنى بك.

-شكراً لك يا صديقي، سعدتُ بلقياك يا أعور، مياااو.

سرتُ بمحاذاة النيل كما أخبرني أعور حتى أصل إلى الحكيم، بدأتُ آخذ جرأة قط الشارع غير الآبه بسيارة مسرعة بجانبه على الطريق، أو بصبيان الحارات المزعجين الذين يمسكونه من ذيله ويلعبون به ومن ثَمَّ يقذفونه بعيداً، الحياة أقسى مما تصورت.

الفصل الثالث

في طريقي عبرتُ مقلبَ قُمامة تجمَّع عليه عدد لا بأس به من الهررة، صُعِقْتُ حين شاهدتُ آدميّاً ممزقَ الملابس يشارك الهررة الأكل من القُمامة، العالَم لا يرحم هررةً أو آدميين في الشارع.

رحت لأشاركهم طعامهم، ظننتهم سيتضررون ويهجمون عليَّ، لكن على العكس، الطعام هنا بوفرة ويكفي الجميع.

لم أدرِ بحالي إلا وأنا في صندوق سيارة محكم الغلق ألُقيت فيه بصحبة الهررة لا ندري إلى أين يصطحبوننا، فتح باب الصندوق وأطلق رذاذ وأحكم الغلق، خنقتنا الرائحة ورحنا في سبات عميق.

فتحتُ عيني على قط يصرخ بيد شخص يقتاده إلى مكان مجهول

ذُهِلْنا مما يحدث ورحنا نموء كلنا ونحن محبوسون بقفص كبير، الرجل كان يتلذذ بما يفعله، كنا جميعاً نسكن في كابوس مزرٍ.

كنا بضاعة مجانية لهذا المخبول الذي كان يتاجر بنا خارج البلاد، يسوقنا على أننا سلالة فرعونية من الهررة جالبة الحظ الجيد.

يا الله، كيف أهرب من هذه الورطة!

استجمعتُ رباطة جأشي ورحتُ أجول بعيني بالغرفة لأجد مخرجاً من هذه الورطة غير المحسوبة، على الفور وضعتُ خطتي وبدأتُ التنفيذ..

فور أن أتى المجنون لأخذ قطة جديدة إلى حتفها من القفص، وحالما فتحه تشجعتُ وقفزت على يده عضضتها، وغرستُ أنيابي في أذنه، راح يصرخ وفتحت باب القفص على مصراعيه، جرتِ القطط في كل مكان بالغرفة حدث هرج ومرج، قفزتُ إلى أعلى شباك بالغرفة وانسللتُ من بين قضبانه، ظلام دامس يلفُّني من حولي، رحتُ أبتعد عن المكان المشؤوم بأقصى سرعة..

يا الله، ما الذي أفعله، وكيف استطعتُ فعل كل هذا؟!

كنتُ في المنزل لا أُقدِم على أي مغامرة، فقط الطعام واللعب والنوم، حتى الفأر الذي أرهق مربيتي صِدته وأنا مشمئز وغير راضٍ عن فعلتي، كيف تجرأتُ وفعلتُ ما فعلتُه الآن، هل هو اعتياد ظروف الشارع؟

أي اعتيادٍ وأنا ما زلتُ في يومي الثاني، لا بدَّ أن هذا كان بي ولم تتحْ لي الفرصة لأكتشفه، غريزتي تتحكم بي الآن سواء كان بطوعي أم لا، يجب أن أنجو مما يصيبني مهما كلَّفني ذلك. هذا العالم القاسي، دلال مربيتي جعلني غير مدرك لوجوده، لكنِ الحمد لله أنني فور بروزي له بدأتُ بإجادة التعامل والذود عن نفسي.

ساخرة للغاية مسألة أن العالم ليس ما كنتُ أظنه وأنا في البيت يبدو أن العالم ليس فقط ما هو في حدود رؤيتك دائماً هناك الأبعد والأسوأ.

حسناً لأكمل سيري نحو هدفي ينبغي أن لا أسهو عنه، فانيليا أنا قادم سأجدكِ.

نبح عليَّ ثلاثة كلاب فارتعدتْ فرائصي، يا الله هذا ما كان ينقصني الآن!!

رحتُ أجري وهم في إثري ينبحون عليَّ، حتى وصلتُ إلى حائط سد، اتسعتْ حدقتاي وأنا أرمقهم يحاوطونني، حاصروني، ضيَّقوا عليَّ الخناق فكاد قلبي يقفز من صدري بصقت نحوهم في خوف لا إرادي مني، وبحركة أكروباتية ذكَّرتني بلعبي مع منة ومُربِّيتي

ببكرة الخيط، جريتُ نحو أحدهم فأصابته دهشة، وقبل الاقتراب منه انعطفت نحو الثاني خدشته خدشاً بمخالبي وتوجهت نحو الثالث مندفعاً ووارئي الاثنان يجريان بأقصى سرعة لديهما، لحقني أحدهما بمخلبه، فخدش أذني حتى نفذ أظفره منها، آلمتني لكن رغبة النجاة جعلتني أتغافل عن الألم، بمجرد الاقتراب من الثالث قفزتُ عالياً فاصطدم ثلاثتهم ببعض ورحتُ أجري بكل ما أوتيت من قوة، أجري وظلام دامس من حولي يلفُّني، حتى خارت قواي فاختبأت بأحد المباني المهجورة.

أين أنا بهذا المكان؟ واجهتُ للتو أحد أسوأ كوابيسي، طالما فكرتُ في ذلك الموقف وخشيته منذ كنتُ بالمنزل، كيف واجهتهم وكيف تصرفتُ هكذا؟

الجو بارد، أذني تؤلمني وأنا أرتعش، كن معي، يا الله؛ أنا خائف للغاية، سأنام هنا والصباح رباح، رحتُ ألعق يدي وأضعها على أذني لأطببها، حتى غططتُ في النوم.

رأيتني في حلمي أسابق الأعور نحو سردينة عملاقة من يصل أولاً يحوذها، تسابقنا نحوها، سبقته وكاد يلحقني، وصلت إلى السردينة وكان في نيتي تقاسمها معه إن أنا سبقته وحُزتها، لكني

لمحتُ فانيليا تجول بعيداً فرحت أعدو ناحيتها، وهو ينادي: تعالَ يا أحمق، ألن تأكل أولاً قبل أن تصل إليها؟

لم أردَّ عليه، رحتُ أعدو بأربعي، إلى أن وصلتُ إلى مكان مظلم، بحثتُ عنها لم أجدها؛ كانت سراباً!

لأتفاجأ بالكلاب الثلاثة يعدون ورائي ينبحون عليَّ، وأنا أجري بكل قوتي حتى وصلتُ إلى بيت اختبأت فيه، فوجدت المعتوه صاحب المفرمة به، يضحك ضحكته الهستيرية المجنونة وهو يقبل عليَّ يريد أن يحوزني بكلتا يديه، انفلتُّ منه في خفة ورحتُ أجري

استيقظتُ وأنا ألهث، يا الله!! أريد أن أشرب، لو كنت في المنزل لكنتُ ارتويت الآن من إنائي، لعقتُ يدي وطببتُ أذني، حقَّا تؤلمني

رحتُ أتجول في المِنْطَقة التي أنا بها ولا أدري أين أنا بالتحديد، ومع انسدال ستائر خطوط الفجر الأولى وجدتُ بِركة مياه، هُرِعْتُ إليها، شممتُها؛ المياه حلوة؛ هممتُ بالشرب، لعقتُ حتى ارتويت، رفعتُ رأسي لأكمل سيري، لمحتُ من بعيد سيدة تفعل أغرب ما يمكن فعله!

كانت -بكفها الأسمر- تعطي قطط الشارع المرضِعات قططاً
مواليدَ ما زلوا رُضعاً أحسبهم بلا عوائل، فتأتي والقطة المرضعة نائمة
لتضع لها القط اليتيم وسط أولادها حتى يأخذ من رائحتها ورائحة
أولادها فلا تُميِّزه القطة عنهم وتعامله كأنه وليدها ليرضع منها حين
تصحو، وتعتني به.

كانت تلك السيدة حنوناً على القطط كما لم أرَ من قبل في
الشارع.

طالني العجب حتى إنني ظننتُها ملاكاً تظهر في وقت الفجر
لتفعل هذا الخير النقي، كان هذا أغرب موقف لآدمي مع قطط
شهدته أو حتى سمعت به في حياتي، ظننتُ دائماً أن مربيتي هي
أحن آدمية على صِنف القطط، لكن كان هذا قبل أن أرى هذا
الملاك الأسمر!

وأنا في خضم تفكيري هذا لمحتني، فتركت القطة الوليدة ترضع،
وأقبلت عليَّ.

كنتُ سأهرب منها لكنْ وجدتني رغماً عني أقف متسمراً بمكاني،
أتت فحملتني بكفها لتضعني على كتفها.

لا تخفْ يا صغيري، أنت جديد في الشارع لم أركَ من قبل، تبدو قطّاً نظيفاً مهذباً. لا تخفْ، «هدى» لا تؤذي هرّاً وديعاً مثلك أبداً، تحتاج إلى بعض اللبن، تبدو لي أنك تربية منازل، ولكنَّ أهلك قد ألقوا بك في الشارع -سامحهم الله- سأدعوك «مشمش»، تحتاج إلى قليل من اللبن وكثير من الرعاية، أذنك هذه تدمى تحتاج إلى تضميد، تعال معي منزلي سيؤويك يا مشمش.

صحبتني إلى بيتها، تفاجأت من هيئته؛ ليس به شرفة كمنزل مربيتي ليس بحجمه!

هو في الدور الأرضي، ضيق جدّاً، كان حجرة واحدة، البيت مرعى للقطط السائرة بالشارع تؤويهم به، رغم ضيقه فإنه كان جنتهم يأكلون ويستريحون ويكملون سيرهم في الشارع.

ضمدتْ جرح أذني ودفأتني بغطاء من الصوف، جعلني كل ذلك أنسى ليلتي المريرة المنصرمة.

نظرتْ إلى مرآة مثبتة على الحائط، تحسستْ شعرها الفضي المخلوط بشعيرات بيضاء بلون سن الفيل، وراحتْ تذرف دمعها فجأة دون مقدمات، راحتْ تحكي قصتها، كانت تُحدث نفسها كأنها وحدها، لكني لم أتمالك نفسي من البكاء.

هل أنا عجوز إلى هذا الحد؟ هل لي أولاد يا تُرى؟ هل أرضعتهم يوماً مثل تلك القطة التي تُعنَى بأولادها؟ رحمتك يا الله، لم يخذلْني شيء كما فعلتِ الذاكرة أنا لا أذكر شيئاً البتَّة من حياتي.

راحت تذرف دموعها عليَّ وأنا أقف أسفل منها.

تلك الملاك تبكي وهي أحن ما في صنف البشر لا يرعاها أحد... المسكينة لا تتذكر شيئاً عن حياتها.

تماسكتُ ومسحتُ دمعي وصعدتُ على الكرسي المتهالك بجوارها، ثم على كتفها، ورحت ألعق دمعها بلساني، أمسكتني بيديها وابتسمت ابتسامة بددتِ الوجع الكائن بوجهها وهلةً، قالت لي: يا لك من قط وديع لقد أَنِستُ بك. وضعتني على الكرسي، رحتُ أموء بنبرة حزينة كأني أواسيها، لكني بلا كلام لا أدري لماذا أفهم كلامها ولا تفهم كلامي، ليتها كانت تفهم كلامي؛ كنت سأخبرها أنها أطيب من رأيتُ من البشر، وأنها أطيب من مربيتي التي أحبها كثيراً ولم أكن أدري أنه يوجد أحد يملك قلباً أكبر منها، فعلاً إنك لا تدري أبداً بما لم ترَه وتعاشره.

ظللتُ بصحبتها في المنزل تطعمني وترعاني، اختصتني عن باقي القطط الذين يمرون ببيتها ليأكلوا ويرتاحوا من عناء الشارع

بالمبيت معها في البيت.

حتى حلَّ اليوم المشؤوم.

كانت جالسةً وقت العصر بعد أن أطعمتني وطَعِمَتْ هي، جلست على باب حجرتها الضيقة ظهرها متكئ داخل الغرفة وتدلي قدميها بالشارع، كنت على فخذها بالخارج معها، وفور هطول المطر تأففتُ وتذكرتُ حمام مربيتي لي وكم كنتُ أتضرر منه ولا أتحمل لمس المياه جسدي، لكن يا الله هذه المياه باردة بينما كان الحمام دافئاً هُرِعتُ بالداخل على فوري أنفض الماء البارد عن جسدي وأنا أرتعش، حال دخولي الحجرة سمعتها تزفر زفرة عميقة نظرتُ إليها وجدتها أسندت رأسها على باب المنزل وأغمضت عينيها، ابتسمتْ بوداعة وسكتتْ سكوتاً مطولاً.. اتسع بؤبؤ عيني، الملاك فارقني!!

ظلتْ هكذا على حالها المؤسف يوماً كاملًا، لم أتركها لحظةً، كنت أبكي بكاءً مريراً ألعق يدها السمراء الحنونة التي طالما فعلت الخير، وجهها الملائكي الباشّ.

المطر يهطل وهي على حالها لا تُحرِّك ساكناً من مكانه، وهكذا كان قلبي ساكنا بمكانه لا تكاد دقاته تأخذ راحتها من شدة حزني عليها، وهكذا كانت تلك هي الهمسة الأخيرة، الرياح حركت باب

الحجرة فأُغلق وسقطتْ هي بالخارج، ينهال عليها المطر، وأنا بالداخل أموء طالباً النجدة والمساعدة لها، لم يدرِ أحد بها حتى حل الصباح، سمعتُ همهمات بالخارج وأحدهم يدفع الباب ويحملونها ليضعوها في فرشتها على أرضية الحجرة، أحضروا لها الطبيب الذي لم يستطع الولوج داخل الحجرة، فلبس كمامة تقي أنفه ودخل يقيس نبضها، أمسك معصمها لم يجد لديها نبضاً، أغلق عينها بإصبعيه وأعلن وفاتها للجيران.

لا أذكر أنني عُصَر قلبي كمداً وحزناً هكذا، تلك السيدة «هدى» لم أرَ مثلها قبلاً، غيرتْ نظرتي عن بني البشر، كانت تحب صِنفنا، ربما هي وجدت معهم الدفء الذي افتقدتْه ولم تجده في ولدٍ لها يسأل عنها، فلمستْ فيَّ عوضاً عن حياتها الخالية من الصحبة والأنس، كنتُ رثاءَ وحدتها، وكانت هي بمنزلة أم حنون لي.

الفصل الرابع

ودعتُ الملاكَ حزيناً وانطلقتُ في حال سبيلي، عُصِرَ قلبي عليها كما لم أفعل من قبل، الآن لا بدَّ أن أركز أكثر على ما نزلتُ من أجله الشارعَ، مرتْ ثلاث ليالٍ ولم أجدْ فانيليا بعد.

«القط الحكيم» يجب أن أصل إليه؛ ربما يساعدني في العثور عليها، أتمنى أن يكون له علم بمكانها، رفعتُ رأسي إلى السماء كأنني لمحتُ نجمةً متلألئة تموضعت مكانها روح هدى الملاك في السماء، ليس لديَّ شك الآن أنها في مكان أفضل مما كانت به هنا، فقط سأفتقدها وأفتقد صحبتها وأحسب أنها ستفتقدني.

سرتُ في طريقي منهكاً من أثر الجوع، لم آكل منذ مدة، رأيتُ أحدَ الجزارين يلقي بقطع الجلد وبواقي الدهن لحلقة من القطط، أقبلتُ عليهم فلطمني أحدهم على وجهي وزمجر ثانٍ عليَّ، وكاد يضربني ثالث لولا أن الجزار ألقى بقطعة جلد نحونا فراح ناحيتها وهو يهشه.

هذه القطط عدوانية للغاية، لا أدري لَم ليستْ مثل الأعور!

تجولتُ في المكان لم أعدْ أقوى، كادت قواي تخور، شعرت بإعياء أثقل حركتي فرحتُ أتطوح يَمنة ويَسْرة، حلَّقتْ فوق رأسي حمامة زغب ريشها كان يتساقط عليَّ، حكَّ أنفي فعطستُ، نظرتْ إليَّ وهي تضحك وتكركر، ومن ثَمَّ واصلتِ التحليق، لم ألقِ لها بالاً، رحت أكمل سيري، معدتي تقرقر، أهزُّ ذيلي بكل اتجاه، ما هذا الملل؟!

فقدتُ السيطرة على نفسي، ألقيتُ بجسدي على الأرض ارتميتُ على بطني أسفل سيارة تقيني من قيظ الشمس ورحتُ في النوم.

رأيتني على هيئة ملاك بأجنحة بيضاء وسط سحاب كثيف، أسفل مني هواء لا أرى أرضاً، آكل من على مائدة عليها ما لذَّ وطاب من الطعام كنتُ آكل بنهم، فجأة ظهرت «هدى» الملاك بجواري على المائدة...

هل أكلتَ يا صغيري؟

هدى!!

نعم يا صغيري.

لكن ألم...؟

لا يا حبيبي، لم أفارقك، هأنذا، وقتما تحتاج إليَّ ستلقاني، فقط فكر فيَّ ستجدني هنا، وأشارت نحو السحاب، انتبه إلى نفسك بالأسفل، الآن فقط كل واملأ معدتك وارتحْ يا صغيري كاجو.

كنتِ تدْعينني مشمش كيف عرفتِ أن اسمي كاجو؟

أنا الآن أعرف كل شيء يا صغيري...

اختفت هدى فجأةً وتلاشتِ المائدة شيئاً فشيئاً، شيء ما ينقر رأسي.. ما هذا؟

استيقظتُ وفي رأسي صداع مرير، الطير المزعج ينقرني بمنقاره، عقفتُ كف يدي ولكزته على رأسه.

أنتَ ثانية يا مزعج؟

مرحبا يا سمين اسمي صقر.

صقر! هههههه لكنكَ حمامة، ثم مَن السمين يا دجاجة؟!

صقر يا أبله، هذا اسمي، ألا ترى أجنحتي العملاقة أحلق بهما عالياً إلى أبعد حتى من الصقر.

جناحه الأبيض ذكَّرني بالحُلم، كان لديَّ مثله منذ قليل، وكنت بالأعلى بصحبة هدى -رحمة الله عليها- كانت تطعمني، هي تشعر بي حتى بعد أن غادرتني، أوه، أنا حقّاً جائع جدًّا، معدتي تقرقر بصوت مسموع.

أوه السمين جائع، أخشى على نفسي حقّاً الآن!
- لا تخشَ على نفسك إلا أن أكسر رأسك الصغير يا دجاجة. ماذا تريد مني؟

لم أعرف اسمك!

وما حاجتك إليه يا مزعج، اتركني الآن أنعم بقيلولتي.

حسناً سأغادر إن لم يكن مرحباً بي بمملكتك أسفل السيارة.

-هل تهزأ بي!

ألا تتمتع بحس دعابة؟

بلى يا دجاجة.. بلى.

ألا تريد أن تأكل؟ سأدلك على مكان تأكل منه؛ تبدو جائعاً فعلاً، لمحتكَ منذ قليل، يبدو عليك أنك مرفَّه ولست من المِنْطَقة.

سلمت من كل سوء يا سيد صقر، اسمي كاجو.

اتبعني يا سيد كاجو.

حلَّق صقر قريباً، مني رحت أسير وراءه وأنا لا أقوى على حمل نفسي، عيني نصف مفتوحة.

قادني نحو باب خلفي لمطعم مشويات، حيث يكبُّون نفاياتهم عنده لتأتي الشاحنة آخر النهار لنقلها، بقايا لحم وعظام ما لذ وطاب، رحت أنهل وآكل وهو يثرثر كعادته، لم أكن لأتصور أن هناك من يغلبني في ثرثرة الحديث، لم ألقِ له بالاً، فقط كنت أرد بـ «نعم، طبعاً».

وأنا أكمل التهام الطعام اللذيذ.

امتلأتْ معدتي عن آخرها، لم تمتلئ هكذا منذ سمك الأعور، ولكنَّ «الحكيم»، كيف غاب هدفي عن ذهني، ترى أين يا فانيليا هل أنتِ بخير؟

فيم تفكر يا كاجو، هل شبعتَ؟

-لا شيء، نعم شبعت، شكراً لك.. ألن تأكل أنت أيضاً؟!

أمعدوم النظر أنت؟ هل يأكل طير مثلي اللحم؟

أوه عذراً يا صديقي نعم أنت طبعاً لا تأكل اللحوم أنت نباتي أليس كذلك؟

نباتي! أين تلقيتَ تعليمك يا سمين؟ أنا آكل الحبوب، فقط الحبوب.

حسناً أعتذر إليكَ، ثقافتي عن الشارع وأهله ليست على ما يرام.

نعم.. طبعاً أنتَ لستَ قط شارع؛ عرفتُ ذلك منذ لمحتك وأنت

تتحسس وتعطس جراء حك زغبي أنفك، لكنْ لم أدرِ ما الذي نزل بك إلى الشارع أم إن أهلك قد ضاقوا ذرعاً منك!

قصة طويلة يا سيد صقر، أنا في سبيلي للبحث عن أحد ما، فهلا ساعدتني!

من تريد الوصول إليه أخبرني؟

القط الحكيم...

تريد باستيت.

باستيت؟ من هذا؟

يطلقون عليه هكذا «باستيت القط الحكيم».

نعم أريد الوصول إليه عله يدلني على فانيليا، أعور نصحني به، قال إنه سيساعدني.

أعور قط السوق؟

نعم.

لكن مَن فانيليا؟

فانيليا هي سبب كل تلك الجلبة يا سيد صقر.

أوه ألمح في عينيك المتلألئة تلك شوقَ الحب.

نعم، هي سبب أني قفزت من شرفة منزلي لأبحث عنها.

أوه، سمين لكن عاطفي، اقشعرَّ ريشي.

يا سخيف، لا تقشعر حتى لا يسقط ريشك ويحك زغبه أنفي، سأعطس مجدداً، أوه ربما سأنتف رشيك بيدي إن لم تتوقف عن سخافتك.

اهدأ اهدأ، أنا فقط أمازحك، على أي حال.. باستيت هناك بمحاذاة النيل، اتبعني أظن أنه فعلًا بإمكانه مساعدتك.

نعم فعلًا هو عند النيل، أخبرني بذلك أحد الأصدقاء، لكني لا أدري طريقي إلى النيل من هنا!

لا تقلق سأدلك، لكنْ من أخبرك بالحكيم؟

القط أعور، هل تعرفه.

نعم طبعاً ومن لا يعرفه! بأحد المرات كدتُ أكون لقمة سائغة على عشائه كاد يأكلني.

هو طيب، لكنه شرس أحياناً.

سرنا بمحاذاة النيل.

ها نحن قد وصلنا.

أين الحكيم؟

لا تتعجل يا هر.

سلَّم صقر على قط صغير دعاه «بسبس» سأله أكان بإمكانه ملاقاة السيد باستيت.. ما زلت أعجب من الاسم كثيراً..

مرحباً سيد باستيت، جئنا لطلب مساعدتك.

مرحباً يا ولدي.. أي شيء تحت أمركم.

أنا قط منزلي حديث عهد بالشارع، نزلته من أجل هدف واضح هو البحث عن قطة خطفتْ قلبي.

يبدو جليًّا أنك حديث عهد بالشارع، لكن أحسب أنك أحسنتَ المكوث به وصنعتَ أصدقاءَ به، وهذا جيد.

صقر: نعم سيدي، كاجو هو هر طيب رغم أنه يسخر مني وينعتني بالصغير، لكني وددت مساعدته.

كاجو: أنت من وصفني بالسمين أولاً.

صقر: وأنت قلت إني دجاجة.

باستيت: كفى!

كاجو: نأسف على إزعاجك سيدي، لكنْ كنتُ أودُّ طلب مساعدتك في الوصول إلى فانيليا.

باستيت: احكِ لي قصتك تلك معها، أريد سماعها منك أولاً.

حكيتُ له القصة منذ التقيتها حتى وصلتُ إليه بصحبة صقر.

قصتك ملهمة يا ولدي ومليئة بالعبرة، لكنْ هل أنت متأكد حقًّا أن تلك القطة هي التي تودُّ صحبتها حتى آخر عهدك بالحياة كما حدثتني؟ هل حكمت على روحها؟ أم لفتك فقط شكلها الخارجي

وجمالها، خاصة أنه لم يحدث بينكما سوى حديث واحد أو اثنين كما أخبرتني! ماذا عن الروح يا ولدي؟ فكم من أرواح ظلمت أجسادها، وكم من أجساد ظلمت أرواحها معها.

سيدي أنا قط لا أعوِّل كثيرا عن الجمال الشكلي، يهمني الجوهر أكثر، وفانيليا هي من تهمني.

ماذا تظن نفسك فاعلًا إن أنت وجدتها الآن.

لا أدري، أعتقد أني فقط سأظل بصحبتها.

هل تظن أن هذه هي نفس رغبتها؟

نحن نلتقي في حياة بعضنا ليسكب كل منَّا شيئاً في إناء الآخر، فهل تشعر أنت أنها أضافت إليك أي شيء؟!

نعم يا سيدي، حوَّلتني تماماً من قط يلهو ويمرح إلى قط يدرك ما المغزى من حياته.

وهل هي تبادلك مثلَ شعورك الطيب؟! هذا من الأهمية بمكان، عليك التأكد بنسبة مئة بالمئة قبل أن تحسم أمرك وتقول إنها هي فتاتك الملائمة.

هززتُ رأسي مصدقاً لكلامه، ربَّت كتفي بكفه، كلماته كانت تشكل نصائح ذات قيمة بالنسبة إليَّ.

دخل بسبس علينا..

الغداء جاهز يا سيدي فلتتفضل أنت والضيوف.

تفضلوا.. أوه طبعاً أنت يا سيد صقر تريد بعض الحَبِّ لتأكله، يا بسبس أحضر بعض الحَبِّ للسيد صقر.

أمرك سيدي الحكيم.

وأنت يا كاجو تفضل معي.

حسناً يا سيد باستيت.. اعذرني على سؤالي.. لكنْ ما معنى باستيت؟ أتعجب من الاسم قليلاً.

يا كاجو، هو اسم مصري قديم لآلهة الخصوبة والحُب، تدرج الاسم حتى وصل إلى مناداة البشر لنا «البسة»، عليك أن تعرف أننا كنا مقدسين بهذا البلد، ومن هنا كان السلف الأول لنوعنا الذي انحدر نسله بسائر الأمصار، وهيئة القط الفرعوني تشبهني تماماً هكذا.. الفراء الخفيف نفسه والقصير والناعم جدّاً، الذيل الطويل

الأذن المنتصبة، خطوط بين الأذنين وعلى الخدين، واللون الدخاني نفسه، والمزية الأكيدة أني لا أسمن أبداً كما كانوا هم قبلاً.

تلك مزية هامة طبعاً، فأنا على سمنتي تلك رغم أني لا أكثر من الطعام ربما حركتي كانت قبلاً قليلة، لكنها زادت مع الوقت، وبرغم هذا لم أشعر أني فقدتُ شيئاً من وزني، يبدو أن تركيبَ هيكلي الجسماني هكذا.

الآن كُلْ واهنأ ولا تحمل همًّا لأن تسمن وارتحْ، بعدها نبحث معاً عن محبوبتك تلك «فانيليا».

عاد بسبس وصقر وانطلق أربعتنا في طريقنا؛ ثلاثة قطط يظلهم من الأعلى حمامة.

مررنا بسوق في طريقنا الناس يبيعون ويشترون فيه كل شيء؛ قطط كلاب حمام، نظر صقر نحو حمامة ناصعة البياض، الريش يكسو رقبتها، عيناها نصف مفتوحة بهيام تلقي السحر على من يرمقها، فُتَنَ بها صقر، فرفرف وحط بجوارها وراحا يتحادثان، عرف أنها حمامة مالطية تدعى «بيضاء» جاءت إلى مصر بصحبة أهلها مع عصابة صيادين باعوهم في السوق وانتقلوا مع الباعة حتى وصلوا إلى هنا.

طار نحونا صقر، أخبرنا بقصتها تلك وطلب منَّا مساعدته على تحريرها من القفص.

وضعنا خطتنا المحكمة، شغلتُ صاحب قفص العرض الخاص بها، فسار ورائي محاولاً إمساكي، طبعاً كنا نعلم أنه سيطمع في بيع قط شيرازي بالسوق، حالما اقترب مني جريتُ بسرعتي المعهودة، في حينها كان بسبس قد فتح بمخلبه قفص بيضاء لتتحرر وتطير بعيداً مع صقر ليأتي ويصحبني بعد ذلك، فعلاً نجحتِ الخطة، الأمر لم يخلُ طبعاً من مشاكستي إياه والشوق بعينيه قد فضحه تماماً، لقاؤهما الأول كان شرارة الحب التي قدحتُ جزوة علاقتهما في ما هو آتٍ.

علمتْ بيضاء بقصتي من صقر، فحكتْ لنا عن العصابة التي كانت بقبضتها قبل أن يبيعوها، هم يخطفون الحيوانات وخاصة القطط من الشوارع لتهريبها خارجاً وبيعها في أوروبا كقطط مصرية أصيلة للأثرياء بأثمانٍ باهظة لهواة مثل هذا الشغف التاريخي.

كانت تلك هي العصابة التي أتت بـ»بيضاء« تهريباً خلال البحر من مالطة، كان مقر العصابة بطنطا، لم أكن قد سمعتُ قبلاً بها، طبعاً لم نفهم من لهجتها كلمة واحدة، ترجم لنا صقر ما قالته،

شعرنا بالأسى نحوها.

أكد لنا باستيت قصة العصابة وأنه يدري بحال قطط كثيرة اختفت من دمياط، ساوره الشك في أن تكون تلك العصابة قد خطفتهم، حسمنا أمرنا بالذَّهاب هناك للبحث، طبعاً تطلب الأمر ركوب القطار من دمياط إلى هناك، كان شكنا يدور في أن تكون فانيليا قد خُطِفَتْ مع من خُطِفَ منهم.

على رصيف القطار، رحتُ أتدبّر حالي، قطار الحياة يمضي غير آبهٍ، لا يتوقف بمحطة واحدة؛ هو يمر مرَّ الكريم عابرِ السبيل على ركاب المحطة، هناك من يترجّل وهناك من يركب، وهناك من يجلس على الرصيف ينتظر يتأمل في المرور لا يتحرك؛ هو فقط يهدر وقته، أطلتُ مكوثي بمحطة ما بعمري، ويومها حين رأيتها قررتُ أني سأصعد القطار لأصل إليها، كانت فانيليا المحطة التي ركبتُ من أجلها، انطلقنا جميعاً بالقطار في رحلة جديدة للبحث عنها.

الفصل الخامس

أجري وأسابق الزمن حاليّاً لأجد فانيليا، نجري دائماً من أشياء تطاردنا ولا ندري تحديداً من ماذا؟!

عدتُ بخيالي حين بدأتْ رحلتي في البحث عنها، ليلتها بدأ كل شيء مع فانيليا، لكنِ الآن الليل له معي قصة مغايرة ورأي مغاير، فما أغرب الليلة عن البارحة، كنا في الأمس معاً والآن لا أدري لها مكاناً.

ذبتُ في قسمات المساء ليلتها حتى تمنيتُ محو النهار من قاموس الحياة، فالنهار من دونها مسيخ سيئ النكهة! كان لليل صوت جراء حركة القطار والرياح يكاد يُسمع، يبثني نجواي، ينضح بالأنين، حادثني كأنه يواسيني على ما كان من مشقة الرحلة المضنية، هكذا هو الليل دائماً، في الغالب هو يطول على المُحب والملتاع، من يسهر بصحبته يحسبه كأنه أبد الدهر، يطول هكذا ليمنحهم السلوى.

كم اشتقتُ إلى فانيليا.. ما مضى من قصتي في سبيلي للعثور عليها علّمني كثيراً، لكني لم أجدها بعد.

ولا أدري هل القادم سيُكلل برؤياها مجدداً أم لا؟

وإن حدث فمتى سأجدها؟

أكثر لحظة تشعر فيها بالخوف هي تلك التي تسبق محاولاتك الحثيثة لصنع شيء هام بحياتك، خطب جلل، تظنه سيغير مسارك إلى الأبد.

بعدتُ عنِ المنزلِ كثيراً، اشتقتُ إلى مربيتي وإلى دفء المنزل واحتوائه، العالم بالخارج قاسٍ بلا هوادة، لكن ما يُهوّنه عليَّ هو رفقة كهؤلاء تركوا كل حياتهم ليتبعوني في طريقي ويساعدوني في إيجاد فانيليا، كم أنا محظوظ بصحبتهم.

مددتُ كفي من النافذة المجاورة ورحتُ أراقصه، كنتُ أمشِط شعر الهواء بأصابعي، أداعبه وأُملِّس عليه في استكانة، الركاب القطار لم يلقوا لنا بالاً كأنهم اعتادوا ركوب القطط معهم، لكنَّ البعض تعجب من وجود حمامتين على متنه، كنت أنظر من شباك القطار طوال الطريق، اشتقتُ إلى البيت بكل تأكيد، لكن كل تلك المغامرة الشائقة بحثاً عن فانيليا أسرتني وجعلتني أرى أشياء وأدرك أشياء لم يكن لي بها علم، وكم كنتُ بحاجة إليها لكسر ملل ورتابة حياتي بالبيت، ماذا إذا وجدت فانيليا؟

هل أصحبها إلى المنزل، أم نقيم في الشارع؟

ترى هل أجدها؟

رأسي يكاد ينفجر من الصداع، سأغفو قليلاً حتى نصل.

وصلنا إلى المحطة، استطردت بيضاء ترطن بلهجتها غير المفهومة لنا وصقر يترجم لنا:

العصابة تسكن إحدى الشقق القريبة من مسجد السيد البدوي حيث باعوني بسوق المسجد.

حكى لنا باستيت عن المسجد، تجولنا في المكان، بُهِرْتُ بمدى روعته والروحانيات الموجودة به.

اتسع بؤبؤ بيضاء فجأة وهي ترمق أحد المارة وتهمس لنا أن هذا أحد أفراد العصابة، لم نكنْ بحاجة إلى صقر ليترجم لنا؛ الأمر كان مفسَّراً على وجه بيضاء.

على كتف الرجل كان قط سيامي، فجأة أنزله من على كتفه وتركه وانصرف.

دبَّرنا خطة ليصحبنا هذا الهر إلى مكان العصابة، قضتِ الخطة بإيهام الهر أنني تائه فيوصلني إلى العصابة داخل شقتهم، طبعاً سيجدونني قطّاً شيرازيّاً غالي الثمن يمكن بيعه بالخارج لأدخل بالمكان وأستكشفه علَّني أجد فانيليا هناك.

وقد كان فعلاً؛ توجهتُ نحو الهر السيامي المتشرد الذي حكتْ لنا بيضاء عنه وعن شراسته واستخدام العصابة إياه في صيد الطيور والحيوانات واصطحابهم إلى مقرهم، وحينها يقع الصيد المسكين في الأسر.

كان يتجول في السيد البدوي بعد أن تركه فرد العصابة ليلتقط صيداً كعادته، هُرِعْتُ نحوه أطلب مساعدته في إيجاد مأوى وطعام

رحَّب بي بنصف ابتسامة صفراء لمعتْ فيها سنه الذهبية، رسَمتُ على وجهي كل أمارات البلاهة التي استطعتُ رسمها؛ كان يجب أن لا يشك بي أبداً.

مرحبا سيدي اسمي كاجو، قط منزلي ألقى بي أهلي بالشارع، وأشعر بالجوع وأبحث عن مأوى.

اتبعني، أعرف مكاناً به حليب ستشعر أنك ببيتك.

ما اسمك سيدي؟

«سمسم» يا ولدي، اتبعني سأعتني بك.

صقر كان بالأعلى؛ هكذا قضت خطتنا، يسترق السمع ليتبعنا ويعلم بمكاننا على التحديد لتكتمل خطتنا، لم نشأ أن نزعج بيضاء بدخول مثل هذا المكان مرة ثانية، بالتأكيد لها ذكريات سيئة به، تركناها مع السيد باستيت في السيد البدوي، وكان في إثرنا بسبس. وصلنا إلى المكان، فتح لنا الباب الرجل الذي لمحتُه في السيد البدوي مع القط سمسم، كانت في يده تفاحة وسكينة يقطعها شرائح ويمضغها بتؤدة، فورَ أن رآني ضحك نصف ضحكة صفراء مشابهة تماماً لقطه حين رآني وقال:

تعال، لقد أتيت إلى حتفك أيها السمين.

عاد الهر السيامي الخبيث من حيث أتى ليجد صيداً جديداً طبعاً، وحملني الشرير من ذراعي بشكل آلمني ودخل الشقة، سار بي نحو غرفة بها قفص حديدي يشبه ذلك الذي كان عند المعتوه صاحب مفرمة الحواوشي، لكن هؤلاء أكثر آدمية، هم فقط يبيعون القطط ويقبضون ثمنها.

ألقى بي في القفص، كنتُ مصدوماً من عدد القطط بالحبس، عدد كبير جدّاً وأنواع متعددة، تحدثتُ معهم أخبرتم أن لا يقلقوا فقد جئتُ لأحررهم من قبضة العصابة، سألتهم عن فتاة تدعى فانيليا لم يستدلَّ عليها أحد، رحت أتفحصهم، لكنْ مع الأسف لم أجدها.

يا الله!! كل تلك المسافة ولم أجدها!!

حزنتُ أني لم أجدها، لكن في الوقت نفسه فرحتُ أنها ليست بقبضة العصابة، وأني سأحرر كل تلك الهررة.

فجأة قفزتْ عليَّ قطة شرسة للغاية كادت تخنقني، لم أدرِ ما سبب فعلتها، خلصني منها قطان اعتذرا لي وأخبراني أنها ضحية اختطاف وهي ما زالت تُرضِع أبناءها، وفي ثديها لبن خُطِفَتْ قبل أن تفطمهم، وهذا جعلها شرسة للغاية، لا تتقبل أي نزيل جديد في البداية، شعرتُ بالأسى عليها.

حمل صقر بسبس وألقاه من النافذة، دخل، أشرت له إلى مكان المفاتيح، حصل عليها ليفتح باب القفص ونخرج جميعاً.

هجمت القطة الشرسة على بسبس، المسكين، خلصناه منها

بأعجوبة، صاح القطط بها: يا قمر هو جاء ينقذكِ لتعودي إلى أولادك.

تحدثتْ ولأول مرة أسمع صوتها..

حقًّا؟

صاح بسبس: نعم سأعيدكِ إليهم بإذن الله.

أعتذر إليك.

لا بأس عليكِ.

كم أنا حمقاء، خطفي من أولادي آذاني حقاً، أعتذر إليك، يا لك من قط شجاع حقًّا.

تدخلتُ في حوارهما:

لا وقتَ لذلك الآن، نخرج من هنا أولًا ونكمل كلامنا.

فتحنا باب الغرفة ورحنا نعيث بالشقة فساداً، كنا الكثرة التي غلبت العصابة، تكالبنا عليهم فوقعوا أرضاً، دخلنا غرفة «الحمام المالطي» ففككنا أسرهم أيضاً، كان الأمر بالشقة أشبه بغابة بها

أقفاص لصيادين، والحيوانات حررت نفسها من قبضتهم.

وأخيراً خرجنا إلى الشارع...

قطعان من كل صنف ولون، كنا غابة من الحيوانات والطيور.

صحبنا قمر إلى أن وجدت أولادها الرضع، ألقمتهم أثداءها من فورها.

ظهر سمسم القط السيامي الخبيث، رمقنا شزراً وراح يزمجر كأنه حين رأى قمر استوعب ما فعلناه، قفز عليَّ يضربني، خلصني منه بسبس وضربه ضرباً مبرحاً، لكمه في وجهه فكسر له سنه الذهبية وسقط على الأرض، جرى بعيداً يجر ذيل خيبته ويحمل سنه بيده. شكرتنا قمر على فك أسرها ولم شملها بأولادها، في الواقع كانت تخصُّ بسبس بحديثها.

لن أنسى صنيعكَ، أرجوكَ اعذرني عما بدر مني، كما تعلم ضرب الحبيب كأكل الزبيب.

لا عليكِ أبداً.. المهمُّ أننا قد اطمأنَّنا عليكِ وعلى أولادك.

ضحكنا وانصرفنا.

صرنا مضربَ المثل في المدينة.. ثلاثة قطط وحمامتان يجوبون الشوارع والأزقة بطنطا، يتقدمون كل هذا الكم من القطط وأسراب الحمام المحررة من الأسر، هذه طبعاً سابقة لم تحدثْ من قبل.

حين أردنا الاستراحة في يومها، اقترح بسبس النوم أسفل سيارة بالقرب من محطة القطار حتى يحين موعد قيام قطار دمياط، الجو كان قارساً، ستظلنا السيارة وسنشعر ببعض الدفء ونحن نتلاحم معاً بفرونا لندفئ بعضنا، صقر وبيضاء باتا أعلى سقف السيارة؛ فضَّلا المكوث وحدهما.

حدثني السيد باستيت:

-أظن أنه من الأنسب الآن أن تذهب إلى العيادة البيطرية بدمياط، يطلق قطط الشارع عليها «الدار» قد تجد فانيليا بها يا كاجو، ربما هي تعالج بها من قدمها المكسورة.

نعم سيدي، سمعتُ بالمكان من قبل من أحد الأصدقاء.. الأعور، لقد نسيتُ أن أذكره لك.

نعم أعرفه، هو قط ذو بأس، لكنه صاحب قلب كبير، أحسب أنك لمستَ هذا به.

نعم، لقد ساعدني وهو من نصحني بطلب مساعدتك.

حسناً، الدار بها حيوانات كثيرة كانت تعاني، وذهبتْ لتُعالج بها، وأيضاً هم يجمعون قططَ الشارع وكلابه.

كلاب!!

نعم، لكن تحكمهم الألفة والمودة، نقلتْ لهم ذلك مربيتهم الدكتورة رِهام،

يعنون بها، يمكننا الذَّهاب إلى هناك والبحث عنها، يحتمل أن تكون قطتك هناك.

أين هي بالتحديد يا سيد باستيت؟

هي بالقرب من النيل، مسافة سير نصف نهار هناك بعد أن نصل إلى محطة قطار دمياط، الآن لننم يا أولادي حتى يصل القطار صباحاً ونركبه إلى دمياط.

تصبح على خير يا سيدي.

رغم البرد المحيط بنا فإننا نمنا ليلتنا في دفء، صار هؤلاء

الأصدقاء رفقتي وسلواي في الشارع، غرقنا في نوم عميق من شدة التعب والإنهاك.

رأيتُ فانيليا تركبُ القطار وأنا على رصيف المحطة، تناديني وهي تلوح لي بيدها مبتعدة، صاحت:

كاجو.. سنلتقي قريباً في المحطة التالية.

وأنا أجري بسرعتي المعهودة لكنْ تخور قواي، والقطار يسبقني ويبتعد، تبتعد شيئاً فشيئاً.

فزعنا على صوت تشغيل محرك السيارة، انتفضتُ لأجري من تحتها لحقني السيد باستيت على مهله، حتى خرج من أسفل السيارة، وطار صقر وبيضاء ورفرفا إلى الأعلى هلعينْ.

لكنَّ بسبس المسكين لم يخرج بعد!

ناديناه وقائد السيارة بالداخل يغلق نوافذ سيارته ليتدفأ من البرد ويرفع صوت الموسيقى ليتراقص عليها ولا يدري بما يحدث خارج سيارته!

ما حدث أن بسبس فزع بمجرد تشغيل المحرك، فقفز دون

أن يدرك أنه داخل صندوق محرك السيارة، وعلق به ولم يستطع الخروج، راح يموء بصوتٍ عالٍ لعل السائق يسمعه، لكن هيهات.

بدأ السائق بالتحرك ونحن لا ندري ماذا نفعل لنوقفه، اندفع صقر بمنقاره نحو زجاج السيارة الأمامي ينقره، لعل السائق ينتبه ويقف لننقذ بسبس، لكنه أعمل مساحات الزجاج الأمامية ليبعد صقراً!!

قلبي كاد يقفز من صدري من شدة الهلع، تُرى ما الذي يقاسيه بسبس الآن؟

صراخ بسبس جعلني أشعر بالعجز، يا الله! ماذا أستطيع أن أفعل له لأنجده؟ يا الله أرجوك أنقذه.

ارتفع صوت محرك السيارة وراح صوت بسبس يفتر شيئاً فشيئاً يذوب مع ريح الشتاء البارد حتى خفض واستكان تماماً.

حينها توقف السائق ونزل من السيارة، فتح غطاء المحرك ومد يده، وبعد عناء أخرج بسبس وألقاه على جانب رصيف قريب.

على الأرض كان جثة هامدة مقطعة إرْباً إرْباً، رحنا نحن في

نحيب لا ينقطع، وسائق السيارة معدوم الشعور راح يهيل اللعنات على بسبس المسكين لأن مروحة الماكينة تعطلت بسببه، يا الله، ما هذه البشاعة؟! أين قلب هذا الرجل؟!

وددتُ حينها أن أضع هذا الرجل أسفل عجلات سياراته وأدعسه جيئةً وذَهَابا، هذا المعتوه قتل صديقي ولا يشعر بقدر ما فعل، بل إنه لا يبالي ويلعنه بعد أن فارقتنا روحه، وكل هذا لتسببه في عطل بسيارته.. اللعنة عليه.

رأيتُ دموع باستيت الحارة لأول مرة منذ صحبته، بيضاء وصقر راحا ينتحبان نحيباً مريراً عليه، وأنا كنتُ في حالة صدمة ورغبة في حرق هذا العالم برمَّته.

أحطنا جثته في تؤدة، كان كالملاك النائم.

أظنه التحق بهدى الآن وتعارفا بعضهما، هي ستُعنى به في الأعلى، لن يصيبه أي أذى هناك، وطبعاً سيرتاح من مشقة الشارع.

دفنَّاه بالقرب من مكان الحادث الأليم، ظللنا هناك بجواره ثلاث ليال سويّاً، ننعاه في صمت، كنا متدثرين ببعضنا، متلاحمين ككرة صوف.

لم يشعرْ أحدنا ببرودة الجو، كانت قلوبنا تبكيه بحرقة عزلتنا عن الشعور بالبرد القارس، وكأن روحه كنفتنا وأدفأتنا بالمكان.

رحمك الله يا بسبس يا ولدي! كنت نعم الولد المهذب الشجاع

كان أخاً لي يا سيد باستيت، رغم أني عرفته منذ أيام قليلة، لكنه صار أعز من أخ.

هو في مكان أفضل الآن.

بلا شك يا سيدي، بلا شك.

هيا بنا يا ولدي لنكمل ما بدأناه لنجد فانيليا.

لكن يا سيدي...!

لا تطلْ حديثك يا ولدي، الحي أبقى من الميت، قضينا ثلاثة أيام هنا لن نظل هكذا إلى الأبد.

نعم يا سيدي، تماماً، لكن سأكمل رحلتي من الآن فصاعداً وحدي.

لماذا يا ولدي؟

سنعود إلى دمياط يا سيدي وسأنطلق في رحلتي وحدي مجدداً للبحث عنها، هكذا أفضل.

صقر: ماذا تقول يا أبله؟ لن نتركك. ما حدث مع بسبس سيقوينا ويزيدنا قرباً وألفة من بعضنا، لن نضعف وسنكمل ما بدأناه، وسنجد فانيليا مهما كلفنا ذلك.. أليس كذلك يا بيضاء؟

أماءت بيضاء برأسها وأصدرتْ هديلاً ناعمًا.

لا بأس يا صقر دعه وشأنه، جربْ دار رِهام يا كاجو كما أخبرتك قبلًا، هو أحد الأبواب التي لم نطرقها. إن دخلتُه أنا فلن تسمح رِهام لي بالمغادرة ولو بعد مدة لأني هر عجوز، ثم إنها وبلا شك ستحقنني بإبرة فيتامينات حين ترى هرمي وضعفي، وأنا نقطة ضعفي الإبر والوخز؛ لا أستطيع حتى تخيل الفكرة، امضِ يا ولدي في حال سبيلك، أتمنى أن تُوفَّق في بحثك عمَّا تنشده.. سدد الله خطاك.

رطنتْ بيضاء بهديلها مزجتْه بعاطفتها وضيقها، لم أفهمها ولم يترجم لي صقر كعادته!

لكني قرأتُ عينيها الجميلتين، أحسبها كانت تحثني على

المكوث معهم وإكمال رحلتنا معاً، لكني كنت قد عقدتُ العزم
فعلاً وأصررت على إكمال مسيري وحدي، سأجد فانيليا بنفسي.

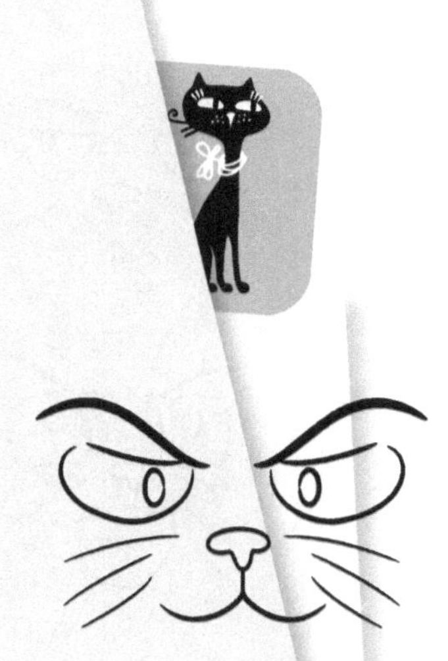

الفصل السادس

برصيف محطة قطار دمياط ودَّعتُ الحكيم وصقر، صار هو وبيضاء عصفوري حب الآن.

وداعهم كان أكثر ما آلمني منذ نزلت الشارع، لكني كنت فرحاً لصقر، فذلك التائه في السماء منذ عرفتُه تحوَّل إلى طير حُب فَرِحٍ، ينفض بجناحيه فيثير غباراً بنثره ريح الحب، بيضاء ملأت فراغات حياته التعِسة وتحليقه بلا هدف، بوداعة وألفة محببتين جعلتا حياته تتحول شيئاً فشيئاً حتى صار كائناً شبه مكتمل، كم فرحت له.

ودُّوا مرافقتي إلى الدار، لكني أبيتُ ذلك متعللاً بوجوب إكمال هذا وحدي من الآن فصاعداً.

صحبوني حتى باب الدار وتركوني بجوارها، كان عليَّ أن أكمل البقية الباقية من مشواري وحدي مجدداً كما بدأته.

ما أصعب فِراق رفاق الأنس بليالي الشارع الباردة، ودعتهما وتمنيا لي التوفيق في إيجاد فانيليا.

هل لو اجتمعت بفانيليا سأكون مثلهما -عصفوري حب-؟! ربما.

رأيت أن تلك الخطوة التالية المناسبة التي يجب أن أطرق بابها، فهنا تأوي قطط الشارع وقطط البيوت المسَّربة، وأيضاً القطط التي يودُّ أهلها أن تتزاوج يرسلونها إلى الدار فتحمل رقماً تقضي وطرها هناك بالدار، تتزوج وتنجب وبعدها تتصل الفتاة صاحبة الدار بأهل القطة ليأتوا ليصحبوها.

الآنسة الرقيقة رِهام عضو جمعيات الرفق بالحيوان التي بعد أن تُوفِّي والدها تاركاً لها بيتاً واسعاً بأربع حجرات، قررتْ تحويله إلى دار رعاية للقطط، بادرة طيبة لفتاة صاحبة قلب ينبض بحب ما حولها.

رحتُ أموء على بابها، فتحتْ لي، كانت شابة تشبه مربيتي، حملتني من فورها حالما رأتني، رحبت بي وقدمتْ لي حِساءً ساخناً

رباه!! لم أتناولْ طعاماً منزليًا منذ مدة طويلة، كم اشتقت إلى

إحساس الاحتواء والدفء الموجود بجدران البيت، أنهيتُ غدائي فصحبتني نحو غرفة الضيافة لأتفاجأ بمشهد لم أتصوره هكذا، رغم أن باستيت كان قد وصفه لي.

قطط من كل الأنواع والألوان ممددة ومستلقية على أرضية الحجرة، كانت هذه حجرة نومهم، لديهم حجرة خاصة بالنوم، وأخرى خاصة بالأكل، تلك التي صحبتني رِهام إليها في البداية.

المفاجأة بالنسبة إليَّ تمثلتْ في وجود كلاب ضالة مع القطط في الحجرة نفسها، تلك الحجرة حوت ببين جدرانها ما ظننتُه دوماً ألد أعدائي، طالما تخوفت منه، لكنَّ التجربة بصحبتهم كذَّبت ذلك الظن عندي.

الألفة والمودة كانا هما السمت الذي ألفته بالدار، القطط والكلاب في وئام دائم لا يهدد كلب قِطّاً، ولا يشاكس هر جرواً، الجميع هنا يعيشون بصحبة رِهام في مودة وحب كأنها أكسبتهم شيئاً من روحها البادية على وجهها من أثر الطيبة والعذوبة.

أحبتني ودللتني، صرت قطها المفضل، لم يبعث ذلك في نفس قِط ولا كلبٍ أيَّ غضاضة، بل على العكس تماماً كان الجميع يحبني كأخ له.

قابلت هناك شخصيات كثيرة، حكى لي كل واحد منهم قصته التي أوصلته إلى الدار أخيراً، صادقتُ قطاً يدعى مدكور، لم يكد يبلغ بعد عامه الأول، حكى لي أنه كان بصحبة فتى مدلل مجنون قاسى معه أياماً صعبة للغاية كان معه منذ ولادته، كان يضربه ويجذبه من ذيله ويركله كالكرة، يحبسه بصندوق خشبي فيصرخ مدكور، فيفتح الفتى باب الصندوق ويسكب الماء البارد عليه ويغلقه من جديد، يأتي به في جراج سيارة والده يضربه بعصا حديدية على رأسه، القشة القاصمة لظهر المسكين مدكور كانت أن علقه من الدور المرتفع الذي كان يسكن فيه من ذيله بمشبك على حبل الغسيل وتركه حتى أصابه الدوار فأغمي عليه، والدة الصبي المدلل بالمصادفة كانت على وشك أن تنشر غسيلها فاكتشفت ما حدث، نجدته يومها ومنعت ولدها من اللعب معه مجدداً، قرر مدكور الهرب بأي شكل، فالشارع لن يكون أقسى عليه من هذا الطفل المقزز الذي انتُزِعَتْ من قلبه الرحمة، حتى وجدته رِهام وأتت به إلى الدار.

دوارة الشمس، القطة المشمشية الشقية التي كانت عند ابنة أحد رجال الأعمال الأثرياء، كانت قطة مرفَّهة وكان هذا يبدو جليًّا عليها في كل تصرفاتها، لم تكن متغطرسةً، ولكنها كانت معتدةً

بنفسها، تسير الهوينى دائماً رافعة ذيلها وكاسرة عينها نحو من تنظر نحوه، كانت محطَّ إعجاب كل الهررة بالدار، وطبعاً لم تكن تميل نحو أي منهم، هي فقط تغوي من تريد أن يفعل لها أي شيء.

انجذبتْ نحوي منذ النظرة الأولى، ولكني كنت على العهد؛ لم أنسَ يوماً «فانيليا»، هي السبب الذي نزلتُ الشارع من أجله، والسبب أني أتيتُ إلى هنا، هي نصفي الذي لن أرضى عنه بديلاً.. كيف أنسى؟!

شمشون، قط صعيدي أتى إلى دمياط بالقطار، قفز من بابه قبل الوصول إلى رصيف المحطة، وكان بالمقابل هناك قطار آتٍ بالطريق المعاكس، كان حظه طيباً لأن ذيله فقط الذي دُهسَ، فأتى به أحدهم للدار للسمعة الطيبة التي اتسم بها المكان عالجته رِهام، أخبرني وهو يحكي لي قصته أن القطط بسبع أرواح كما يظن هو!!

نفيتُ له هذا وحدثتُه بأن هذا عمر جديد قد كُتِبَ له، كانت صورة بسبس لا تزال محفورة ببالي، لم أشأ سرد ما حدث له بالتفصيل على شمشون؛ اكتفيتُ بنفي صحة العبارة.

«القطط بسبعة أرواح» ما هذا السخف؟!

الكلب ساهر غيّر مفهومي عن الكلاب كلية، كان حنوناً تكاد ترى الطيبة جلية في عينيه، كان يُعنَى بالجراء الصغيرة التي تأتي الدار، لم يكن ينقص سوى أن يرضعهم فقط.

كان يحرس بيت أحد موظفي البنك الذي صار على المعاش، ثم مات إثر نوبة قلبية، وفضل أولاده -القاطنون بأحد الأحياء الراقية- بيع البيت وإطلاق الكلب بالشارع، أخذه حارس أحد العقارات لرِهام فاعتنت به، كانوا يطلقون عليه في الدار «العجوز الطيب».

نسيتُ أن أحدثكم عن رِهام بطلة هذا المكان، في الواقع لم تكن وحدها، كانت بصحبة صديقة لها تشاركها المساعدة في الدار.. الدكتورة نورهان الطبيبة البيطرية، كانتا مجنونتي حيوانات، رغم أنهما بلغتا سن الزواج منذ مدة فإنهما طلقتا الحياة الرتيبة العادية، وترهبنتا بدار الحيوانات، تزوجتا الحيوانات زواجاً كاثوليكيّاً.

خصّصتا كل حياتهما للقطط والكلاب الشاردة بالشارع، ما أنبل عواطفهما رغم أني كنت ألمس جمالهما، وطبعاً تقدم لهما عرسان كثر، إلا أنهما خافتا على مصير تلك الحيوانات المسكينة من بعدهما، ففضلتا إكمال مسيرتهما مع الحيوانات التي لا تجد مأوى وملاذاً.

أمسياتي مع الكلب ساهر كانت الأمتع في الدار، كنا نتسامر

ونتحدث عن كل شيء، الأمر لم يخلُ من مداعبتي إياه أني توجست منه أول ما دخلتُ، صارحني أنه كان يمقت القطط قبل أن يلتحق بالدار سألني:

هل ضاق بك مربوك ورموك خارج المنزل؟

لا لم يحدث، بل أنا من انطلقت من البيت.

-ولماذا هذا الحُمق؟

بل حب...

أوه يا مسكين، احكِ لي..

قصصتُ عليه قصتي منذ قفزتُ من الشرفة حتى لحقتُ بالدار، تركني أقص عليه قصتي، وبعد أن انتهيتُ ابتسم لي وقال:

ما اسمها تلك السعيدة؟

فانيليا.

إذن هي..

هي من؟

فانيليا الهيمالايا...

تعرفها؟

نعم..

كيف؟

كانت هنا بالدار، كُسرت وراعتها رِهام حتى شُفِيَتْ واصطحبها مربوها بعدها.

يا للحماقة! ماذا كنتُ أفعل طوال كل تلك المدة؟ كانت هنا، ليتني أتيتُ إلى هنا من البداية.

كنت تلحق حلمك الذي ظننته فارقك، بينما كانت مسألة وقت ليعاودك، هل ندمتَ على ليالي الشارع؟

لا، بالعكس أنا الآن قط مغاير لما كنته قبلاً، ربما أنا أستحقها أكثر الآن من ذي قبل، ربما إن كانت لا تزال تفكر فيَّ!!

حدثتني عن قط كان بصحبتها حين انزلقتْ. لم تذكر لي غير

ذلك، الفتيات وإن ارتحنَ إلى عجوز مثلي لا يبحن بكامل سرهنَّ لأحد، لكني لمستُ تغيراً في نبرة صوتها حين ذكرتْ سيرتك، لم تذكرْ اسمك، هذا يؤكد لي أنكَ ما زلت ببالها.

إذن سأعود من فوري إلى المنزل، يجب أن يلتئم شملنا مجدداً

لننمِ الآن يا كاجو، وفي الصباح سأخرجك من هنا لتكمل مغامرتك الشائقة.

ظللت مغمضاً عيني وأنا مستيقظ، رأيت خيالات كثيرة لي مع فانيليا أنا وهي معاً في مكان واسع معنا قطط صغيرة أولادنا، خيالات كثيرة مضطربة متداخلة بين الوسن واليقظة، كنت مضطرباً لا أدرى لِمَا!

نمتُ تلك الليلة دون ذهن صافٍ فلم أحلم بعمق.

الفصل السابع

كيف لم يخطر لي من قبل أن أتفقَّد بيتي، فطبعاً مربيتي قد افتقدتني، ومن أخلاق القطط الحسنة أنها لا تعض يداً اكتنفتها واعتنت بها.

وكانت تلك هي رغبتي أيضاً، حقّاً لقد اشتقتُ إلى مربيتي وإلى منة، لكني كنتُ مشتتاً بين العودة وبين إكمال مغامرة البحث، لم أظن أني سأعود بتلك السهولة، حالما طلع الصباح فتح لي ساهر باب الدار ودعتُه على أمل اللقاء مجدداً، ونزلتُ الشارع من جديد، الارتباط بيني وبين الشارع توطَّد، صار كالبيت الكبير لي، وجدني صقر فحلَّق فوق رأسي وسألني عن الجديد، أخبرته أني ذاهب إلى البيت، فقد عرفت أنها عادت، عرض مساعدتي لكني فضلتُ أن أتبع حدسي، وكنت متيقناً بأني سأعرف طريق العودة إلى البيت، تتبعت حاسة شمي إلى البيت، وتبع قلبي فانيليا.

شممتُ في طريق عودتي رائحة هدى وقططها وسوق السمك، أعور لم أصادفه، ربما راح في صيد جديد أو في مطاردة بغير داعٍ!

رائحة البيت تقترب، هل نسيتُ فانيليا في خضم ما مررت به؟

طبعاً لا، هي كانت المحرك الرئيسي بهذه المغامرة الممتعة، لستُ كما كنت أخشى مخاوفي، بل صرت أواجهها، الشارع لم يعدْ يمثل رهبةً بالنسبة إليَّ، بل صرتُ أجرأ وأشجع، لا أخشى أبداً مفاجآت الشارع، لكنْ طبعاً اشتقت إلى دفء المنزل وإلى حنان مربيتي وإلى قبلات منة.

وصلتُ إلى الشارع الكائن به منزلها، اليوم الخميس، هل يا تُرى ستقدم لي السمك كما هي عادتها، ترى هل تفتقدني؟ وهل فكرت في البحث عني؟

هل أصلًا ما زالت تنتظر عودتي إليها؟

اشتقتُ إلى الطعام المعلب المجفف، وإلى السردين المطبوخ وإلى فانيليا.

ها هي سيارة الجار سأعتلي سقفها وأموء منتظراً أن تراني مربيتي.

رحت أموء بأعلى صوت لديَّ حتى سمعتني مربيتي نظرتْ من الشرفة نحوي، ازددتُ بموائي ارتبكتُ ثم صرخت: «لولو»!!!

هُرِعَتْ على سلم المنزل حتى فتحت باب الشارع وهي تلهث، جذبتني ورفعتني في الهواء وصاحت: لولو اشتقت إليك أيها العربيد، هل قفزت من الشرفة لتتزوج من فتيات الشارع؟ منة بكت كثيراً عليك ودخلت في موجة اكتئاب.

حملتني وصعدت بي إلى البيت الذي كان كما هو منمقاً مهندماً مرتباً نظيفاً، والأهم لديَّ دافئاً حتى إن طبق الأكل الخاص بي وجدته في مكانه بجوار خزانة الأحذية.

أنزلتني بجواره ووضعتْ لي بعض الطعام المجفف الذي كنتُ قد اشتقت إلى نكهته الغنية.

صاحَتْ بي: رائحتك كريهة، ما هذا، يا إلهي، هل كنت تنام مع الأسماك؟ وما كل هذه البراغيث؟ تملؤك بكل جسدك، لم يكن بك برغوث واحد قبلًا، انظر إلى حالك المذري؛ الشارع جعلك كالقاذورات أيها العفن، تحتاج إلى حمام دافئ الآن.

همهمتُ في سري أي نعم الشارع ملأ جسدي بالقاذورات، لكنه كذلك ملأ فراغات روحي كليًّا.

حممتني، كنت بحاجة إلى مثل هذا الحمام، لم أتأفف منه كعادتي، استرعى ذلك تعجبها، خرجتُ بالشرفة لأقف في الشمس ورحت ألعق شعري بلساني ليجف، لم أرَ فانيليا!!

عادتْ منة من المدرسة، جرت نحوي في سعادة غامرة، احتضنتني وأخذت تقبلني، وتقلبني، تتفحصني كأنها تطمئن على سلامتي.

انخفض وزنك يا لولو، لم تعد سميناً كما كنت، ماذا كنتَ تأكل أيها المسكين طوال هذه المدة؟ يبدو أنك عانيت، وما هذا الثَّقْب بأذنك؟ افتقدتك يا أميري حقّاً سآتِ لك بسمك السردين المحبب لك، أمي تعده لك الآن لتأكل وتشبع.

عدت للشرفة ورحت أموء بصخب.

المفاجأة..

يا هر أما زلت حيّاً.

يا فتاة!! أنتِ هنا؟

نعم وأين سأكون، عدتُ من العيادة البيطرية ولم أركَ قطُّ مذ حينها.

نعم نعم.. ساهر أخبرني.

ساهر!! كيف التقيتَ عم ساهر!

كنت في أثرك، رحتُ أبحث عنكِ ظننتهم تخلوا عنكِ، لم أستطع تخيل فكرة أن تكوني بالشارع.

حقَّا؟!

لم أستطع تقبل كونكِ بعيدة دون أن أبحث عنكِ، تملكتِني يا فتاة.

إذن ما قلته لي لم تكن تقوله لفتاة غيري حقَّا!!

ابتسمتِ ابتسامة جال ببالي كل رحلتي منذ قفزت من الشرفة حتى وجدتها.

مربيتكَ بكتكَ مراراً، ظنتْ أنكَ نزلتَ الشارع راغباً في الزواج لأننا في موسم تزاوجنا.

فانيليا، لم أرغب مطلقاً في الزواج بغيرك، أحبكِ يا فانيليا هلا تزوجتِني؟

ارتبكتْ فانيليا..

فجأة ظهر بجوارها على الشرفة هر سيامي يموء، صُدِمْتُ حين زمجر عليَّ فبانت سنه الذهبية.. سمسم!!

تخشبتُ في مكاني وهلةً ثم رحت أزمجر عليه.

من أين أتى هذا يا فانيليا؟

أتى إلينا بالأمس وقف يموء على باب بيتنا، وجده صاحبي فأدخله لي، تأففت منه مربيتي كعادتها من القطط، وقد جاورها الصواب تلك المرة، كان خبيثاً معي، قال إنه يعرفك جيداً، سألته كيف التقاك وهل أنت بخير! قال إن عربة صدمتك وأنت تعبر الطريق، بكيتُ بالأمس عليكَ، ضربني كثيراً وآلمني كثيراً، أراد خطب ودي لكني رفضته تماماً.

دعيه لي، فبيننا ثأر قديم وقد أتى لسداده.

هل أنهيتما الحوار الشائق أيها الرومانسي؟

كيف وصلتَ إلى هنا يا سمسم؟

تبعتكَ من طنطا، رأيت صديقك وهو يلقى حتفه بالسيارة وكم سعدتُ لذلك، وكنتُ على سطح القطار أسمع حوارك مع رفقتك وعرفت قصتك، قطعتم عيشي؛ المكان الذي دمرتموه كان هو ملاذي الوحيد، قررتُ أننا سنلتقي مجدداً، لا أحد يخدع سمسم وينجو دون دفع الثمن.

لكن كيف وصلت إلى منزلي قبل أن أصل أنا حتى؟!

كنتُ أتعقبك أيها الساذج لم ترني طبعاً، فلديَّ أساليبي، هل تظن أني سأدعك تعود إلى منزلك قبل أن آخذ ثأري منك.

سمعتُ من الحمامتين اللزجتين ما تنوي فعله وقصة حبك مع الفتاة التي خرجتَ للبحث عنها، وليس كما أخبرتني في البداية أن مربيك أخرجك من المنزل عَنوة أيها الكاذب. عرفتُ وقتها كيف سأنتقم وأغدر بك. تبعتك إلى دار الرعاية البيطرية التي ذهبت إليها حتى إنني دخلتها دون أن تشعر، عالجت لي رِهام سني وأعادتها إلى مكانها سمعتك تحكي لهذا الكلب قصتكَ وعرفتُ مسار حكايتك، ثم خرجتُ من العيادة إلى سوق السمك دون أن يشعر بي أحد. سألتُ عمَّن يعرف سيرتك بالسوق، ظهر لي صديقك

الأعور وهو من دلني على المنزل بعد أن أوهمتُه أني صديقك وأريد رؤيتك، هو الآن مقيد بمكان لا يعلمه سواي، يا له من قط بلا عقل، كل ما به فقط عضلات ليست لديه حاسة شم للمكر والخديعة.

أيها الخبيث المؤذي، ماذا صنع لك الأعور المسكين؟ حسابك الذي تريد سداده معي أنا، ليس لك شأنٌ بمن يخصونني.

-ستدفع الثمن أنت ومحبوك، ليلاك ستظل بقبضتي ها هنا.

بل أنت من سيدفع الثمن، ولن تمس شعرة منها.

راح يضرب فانيليا ضرباً مبرّحاً، وهي ضعيفة لا تملك أن ترد أو تقاوم.. صرختُ عليه: اتركها أيها الوغد الجبان، واجهني أنا، دعها وشأنها.

حتى أغمي عليها، نالَ مني الغضب.

رجعتُ إلى الوراء وقفزتُ ناحية شرفة فانيليا البعيدة، بالكاد تشبثتُ بسورها،

ترك سمسم فانيليا وأتى لي، غرس مخالبه بكفي، ابتسم لي فلمعت سنه الذهبية، شممتُ رائحة فمه الكريهة وهو يقترب مني ويهمس:

مُت أيها القذر..

ترك مخلبه المنغرس بيدي ولطمني على وجهي، صدمته بمخلبي الأيمن في فمه فطار سنه أرضاً، وبحركة سريعة جذبته بمخلبي الأيسر سقطنا معاً أسفل شرفة فانيليا، تمالكتُ نفسي ونهضت شعرتُ بكدمات بسيطة لكني لم أصب بأذى قفز عليَّ وراح يعضني من أذني المثقوبة، خربشت وجهه القبيح بمخلبي وقفزتُ عالياً لعقتُ أذني إثر عضته.

جريتُ وراءه، كان جسده السيامي الرشيق مرناً بحيث عانيتُ حتى ألحق به كان يعبر شارعاً به اتجاهان للسيارات، وقف وراح ينظر إليَّ بابتسامته الصفراء.

صدمته سيارة فطار عالياً ووقع أرضاً لم يأتِ بأي حركة، هُرِعْتُ نحوه كان مصاباً في رأسه وينزف دماً كثيراً رحت ألعق دمه لأطبب جرحه لكن الأوان كان قد فات على هذا.

أيها الأحمق، قل لي قبل أن تغادر أين احتجزت أعور؟

زفر زفرة وثقل جسده على الأرض فجأة...

مات دون أن يخبرني بمكان أعور.

لم يساعدْ قطّاً من قبل هذا الخبيث، حتى إنه لم يدلني على مكان أعور المحتجز لمساعدته، ملأته الكراهية تجاه بني جنسه، تُرى ما حمله على كل هذا الكره والإيذاء؟!

على أي حال، لا تجوز له الآن سوى الرحمة!

حفرتُ حفرة بيدي على جانب الطريق وجذبته لها وألقيتُ عليه التراب، كنتُ أبكي عليه.. لماذا؟

لا أدري!

سرتُ حتى السوق رأيتُ صقراً، وناديتُه.

كاجو.. كيف الأحوال؟

الحمد لله.

هل وجدتها؟

نعم، كانت بالعيادة تعالج ثم عادت إلى البيت.

وماذا تفعل في الشارع؟ هل أعجبتك حياة الشارع لتعود إليها ثانية؟

لا، وجدت معها رفقة.

من؟

سمسم...

سمسم من؟

سمسم القط السيامي، عصابة طنطا.

لكن كيف؟

جاء لينتقم.

وماذا فعلت؟

طاردته حتى صدمته سيارة ومات.

أوه!!

أوتدري، لقد حزنتُ عليه حقًّا.

رحمه الله.

نسيتُ، الأعور محتجز.

أين؟

لا أدري، لقد احتجزه، قيَّده وحبسه ولم يخبرني بمكانه!

إذن هيا نبحث عنه.

سيكون بنطاق السوق والبيت حتمًا.

سنجده بالتأكيد.

طار صقر عالياً وراحَ يجول يتفحص الدروب بالأزقة والحارات

بعينيه الثاقبتين، وأنا أجري كالطريد لعلي أشمُّ رائحة الأعور أو ألمحه هنا أو هنا، بشارع جانبي بين السوق والمنزل وجدت الأعور، قطعتُ وثاقه بمخلبي وصقر بمنقاره يساعدني، وحال فك الوثاق هجم على صقر ودَّ أن يأكله.

لا يا أعور، هذا صديق لي.

صديق، هل عبث أحدهم برأسك؟ أصرت تصادق الطيور الآن؟ نحن نأكلها يا كاجو، وهل هو صديق لكَ كالسيامي القذر الذي ربطني، حذرتكَ أن لا تصادق أيَّ حد بالشارع.

ليس صديقي، هو فرد بعصابة تخطف الحيوانات، ولقد مات.

صقر: يا سيد أعور، أنا صديق جيد.

صقر ساعدني في رحلتي منذ تركتكَ، هو صديق أمين يا أعور، آسف على ما حدث لك يا صديقي من القط السيامي، على أي حال لقد لقي حتفه.

فانيليا بالبيت يا أبله، لم يكن لرحلتك الطويلة الشاقة أي معنى، إذ أنها كانت بمكانها كل تلك المدة التي رحت تبحث عنها بعيداً.

لا يا صديقي، رحلتي أثرْتني بأصدقاء وتجارب أثقلتني، لم أعد ذلك القط البليد الأبله الذي يدور في أثناء البيت طوال يومه بلا هدف ومغزى، الأمور تغيرت كثيراً، لقد صنعتُ ما كنتُ أخشى التفكير فيه وأظنه مستحيلاً.

يكفي فلسفة يا كاجو، الآن خذ طيرك وعد إلى بيتك، لقد فقدت أعصابي من ربط هذا الأحمق.

الفصل الثامن

بحق كل الكلاب الضالة والقطط الجائعة بالشارع، كان لم شملنا أجمل ما حصل معي منذ وعيتُ على دنياي، كانت الأمور كلها كما توقعتُ قربي من فانيليا وقربها مني، آنسني وطيَّب خاطري وأسعدني، صرتُ أميراً للدنيا كلها.

جاءت إلى بيتي، ابتسمت لي الدنيا، حلمتُ ليلتها بهدى تحملني على كتفها تملِّس على ظهري تقول لي أخيراً وصلت إلى بيتك وحبيبتك يا كاجو، سأرعاك يا طفلي، سأكون بجانبك دائماً حتى إن وصلت.

كانت هدى تتقدمنا في عرسنا تُزوجني بفانيليا، توصيني بها وتحكي لها ما فعلتُه من مغامرات شائقة في طلب الوصول إليها.

عشنا في ثبات ونبات، وأنجبت فانيليا لي ثلاثة صبيان وفتاة.

الأمر لم يكن بسهولة الحلم، كنت أعاني، كانت تتألم وكنتُ أتألم لألمها، الصغار يتقلبون في بطنها، تصرخ لحركتهم وهم بالداخل يلهون ويمرحون، ألعقُ رأسها في دلال تبتسم بسمة الموجوعة:

متى سيحل علينا الضيوف الكرام؟ لقد أضنوكِ وأنهكوني يا حبيبتي!

لا أدري، أنا أنتظرهم كما انتظرتُ أباهم من قبل.

حتى حانت اللحظة الحاسمة بعد ليالٍ شقت فيها فانيليا وأنهكني تألمها.

كنتُ أروح جيئةً وذَهَابا بمكانها لا أدري ماذا أصنع لها، كانت تعاني أشد معاناة، فكنتُ أضغط يدها وألعق رأسها، وهي تشهق وتزفر في تسارع تضغط بقوة من أجل أن يأتي الأشقياء الصغار إلى عالمنا، وأخيراً ظهرت ثمرة رحلة الحب؛ نزل الصغار فراحت تلعقهم وتقص لهم المشيمة، والصغار يتلوون ويتأوَّهون.

حلُّوا علينا كما حلَّ العيد وأي عيد كانوا ثمرة كل تلك الرحلة، صنعوا أثراً دون أن يدروا، أطلقنا عليهم «سكر ورملة وسحاب وليل».

يصرخون صُراخاً مدوياً طوال الوقت، لا أدري أهو صراخ أم

صفير؟

أهم مدركون لأي شيء؟

هؤلاء المَكَرة أعينهم مغمضة لم تبصر شيئاً بالحياة بعد!!

بين الصرخة والصرخة يتثاءبون في تراخٍ، تنام رملة ويسند الباقون رؤوسهم عليها، هؤلاء الأشقياء لا يدرون بأي شيء مما حولهم إني أغبطهم حقّاً.

حين فطمتهم فانيليا رأى مربّونا أن يفصلوني عنهم.

مجدداً سنبتعد!! لكنْ لم أجدْ ضرراً من هذا ما دامت هي بالشرفة المقابلة سأطمئن عليها يوميّاً وعلى أولادي.

استيقظتُ صباح ذلك اليوم وقفتُ بالشرفة لأتفاجأ بـ«ريم» تبكي بحرقة، رحت أنادي فانيليا لم تردْ أتت منة إلى الشرفة وقفت بجواري تملس على ظهري، سألت منة:

ماذا حدث؟ لِمَ تبكين؟

-استيقظتُ لم أجد فانيليا وصغارها.

كاد قلبي يقف...

أين ذهبتْ فانيليا والصغار؟

يبدو أنني سأوالي القفز من الشرفة للبحث عنهم، سألتحق برفاق الشارع من جديد لأطلب مساعدتهم، سأجدهم مهما كلفني هذا.

قفزتُ من الشرفة مجدداً رحت أجري لا أعرف إلى من أذهب، عرجت على الأعور حكيتُ له ما حصل قال لي:

اسأل الحمامة ربما تعرف طريقهم.

صقر.. نعم أين صقر؟

-انتظر سآتي معك.. لن أتركك هذه المرة وحدك يا كاجو.

رحت أجري وأعور ورائي نبحث عن صقر نجري ونحن ننظر إلى الأعلى حتى وصلنا إلى مكان الحكيم، دخلنا عليه، فرحب بنا، كنا نلهث حين وقفنا أمامه.

مرحبا يا ولدي كيف حالك؟

الحمد لله يا سيدي.

عرفتُ من صقر أنك جمعت شملك بفانيليا وحظيتما بأولاد
صغار مرحى لك، لقد حققت ما أردتَه.

نعم سيدي، لكنِ اليوم استيقظت على خبر سيئ.. فانيليا والأولاد
ليسوا في مكانهم ولا أدري أين ذهبوا!

كيف هذا؟ هل سألت صقر عنهم؟ فربما رآهم.

لم أجده يا سيدي بحثتُ عنه، ربما هو مع بيضاء يطيران عالياً.

لا تقلق يا ولدي، سنجدهم ربما ذهب مربوهم بهم إلى العيادة
البيطرية مجدَداً للعناية بهم وأخذ التطعيمات اللازمة، لنذهب
بحثاً عنهم.

توجهنا إلى الدار، فتحت لنا الدكتورة رِهام باب الدار

أين كنت يا هري الجميل؟

رفعتني على كتفها أخذت تملي على ظهري.

أوه! هذه المرة معك صحبة أيضاً!

ما هذا؟ الهر العجوز!

ملست على الحكيم.

-تبدو تعباً يا سيد قط، هيا نطمئن على صحتك. وأنت ماذا أصاب عينيك يا هر، أوه! أيها المساكين لا يوجد من يُعنى بكم في الشارع القاسي.

هُرِعْتُ نحو ساهر سألته عن فانيليا هل أتت هي وصغاري، فتعجب!

لم أرهم يا كاجو، هل أنجبتما؟ مبارك لكما يا صديقي، لكن أين ذهبا يا ترى؟

-لا أدري يا صديقي.. حقّاً لا أدري!

سأنزل للبحث عنهم.

ذهبنا في مجموعات أنا وساهر وأعور مع الحكيم نبحث، نتقفى أثرهم لكن دون جدوى.

وجدنا صقراً، فسألناه إن كان رآهم!

نفى ذلك وقال لا، لكنه رأى أمراً غريباً وهو يحلق مع بيضاء بالأعلى.

رأى فرداً من أفراد العصابة يجول في السوق، ومن ثم رآه يركب القطار وفي يده صندوق أسود.

اللعنة!! هل عاودوا خطف الحيوانات؟ ظننتهم توقفوا عن ذلك.

فانيليا والصغار يجب أن أنطلق في البحث عنهم.

ركبنا القطار جميعاً وتوجهنا إلى طنطا مجدداً، لكن هذه المرة أنا متيقن أني سأجد فانيليا هناك ومعها الصغار، إذن هيا إلى القطار مجدداً.

كيف هم ملائكتي الآن؟

كيف لملائكتي أن يخالطوا هؤلاء الشياطين! يجب أن أخلصهم من قبضتهم.

الليل يذكرني أنني رجعتُ وحدي في هذا الطريق.

بين اليقظة والنوم رحتُ أتذكر كل ما كان بيني وبين فانيليا، وما صار مني وما طرأ عليَّ في رحلة بحثي عنها التي وجدتُ بها ذاتي.

القطار مجدداً والليل مجدداً.

تماماً كما شعرتُ بالمرة الفائتة وأنا بالقطار، أكثر لحظة تشعر فيها بالخوف هي تلك التي تسبق محاولاتك الحثيثة لصنع شيء.

هل أجدهم؟

القطار كأنه يترنح على قضبانه، ها نحن وصلنا، جرينا ناحية مكان العصابة، الشقة خالية تماماً.

عدنا إلى السيد البدوي، تفرقنا مجموعاتٍ بحثاً عن أي خيط يؤدي بنا إلى العصابة.

صادفنا قمر، فحكينا لها ما حدث مع بسبس، حزنتْ كثيراً، حدثتها وأنا أتمالك أعصابي:

هلا ساعدتِني أنا الآن في مثل ظروفك الماضية؛ أبنائي الصغار وزوجتي في قبضتهم، هل رأيتِ أحداً من العصابة مؤخراً، هل عاودوا نشاطهم مجدداً؟

سمعتُ أنهم عاودوا التجوال يا كاجو، لكن ليست لدي معلومات عن ذلك ربما هم فعلًا يأسرون بعضنا، لأني استشعرتُ قلة القطط في السيد البدوي في اليومين الفائتين.

-هل هناك من يمكن أن يساعدنا في هذا الصدد؟

-تعالوا معي.

أخذتنا إلى كلبة عجوز تدعى غزال، حدثتنا عن استشعارها، وأنها شمت رائحة أدرينالين بالأمس فجراً، ورأتْ أحد أفراد العصابة يغادر المحطة مسرعاً وفي يده صندوق أسود.

صحت:

-أين ذهب؟! هؤلاء أولادي وزوجتي يا سيدتي أرجوكِ ساعديني!

لا تقلق سنجدهم، اتبعوني.

وصلنا إلى مكان مهجور، وهذا القط يقف حائلًا بيني وبين فانيليا وأولادي.

أعور: لا مجال لوضع خطة والتحايل على العصابة.

تعارك أعور والقط الحارس فأسره، ورحنا نسأله عن مكان الصغار أهم بالداخل؟

- كيف عرفوا مكاني بدمياط؟!

أتظن أن سمسم قد أتى وحده؟ كان معه عصفور نقل لنا كل ما حدث معكم، وقال إنك سببتَ له حادثاً، فكان لا بديلَ عن الانتقام منك بخطف أولادك، وهذا عملنا نحن؛ نرسل القطط إلى الخارج، هم يعيشون حياة أفضل ونحن نضمن مبيتنا وأكلنا مع أصحابنا.

تقصد العصابة أيها المجرم!

نبح عليه ساهر وقال له: خير لك أن تدلنا على مكانهم حالاً.

رحنا نجري كالمجانين بالشارع.. حمام وكلاب وقطط، نجري من أجل إنقاذ الصغار من مصير مجهول، أسرتي الصغيرة في خطر وأنا المسؤول عنهم.

وصلنا إلى مكان التسليم، دخلنا جميعاً على العصابة.. كانوا في لحظة تسليم فانيليا والصغار.

هجم ساهر وقمر وغزال عليهم ومزقوا ملابسهم بأنيابهم، ورحنا نحن نخلص الأولاد وفانيليا.

انتهت المهمة وقضينا تماماً على العصابة، وجذب ساهر الشرطة إلى المكان وقبضوا عليهم، وارتاحت القطط من شرهم إلى الأبد.

عدنا جميعاً بالقطار أخيراً، التأم شملنا وقررتُ أنا وفانيليا أننا سنعيش حياتنا القادمة في الدار مع أطفالنا.

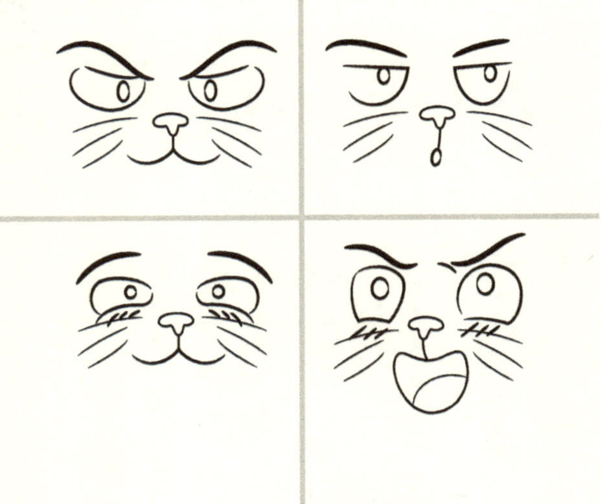